Komm Muschi, spring – U-Haft in Freiburg

Gewidmet meiner Frau, meiner Tochter und meinen Eltern, die während der Untersuchungshaft sicher am meisten gelitten haben.

Adrian Tayl

Komm Muschi, spring – U-Haft in Freiburg

Was ein Freiburger Geschäftsmann im Gefängnis erlebte – incl. Untersuchungshaft-ABC

Bibliografische Information der Deutschen Natio-nalbibliothek:
Die Deutsche Nationalbibliothek verzeichnet diese Publikation in der Deutschen Nationalbibliografie; detaillierte bibliografische Daten sind im Internet über http://dnb.dnb.de abrufbar.

Herstellung und Verlag: BoD – Books on De-mand, Norderstedt

ISBN: 978-3-7460-8184-7

Inhaltsverzeichnis

Vorwort

Nie hätte ich gedacht, dass ich einmal eine Zeit in einem Gefängnis zubringen werde. Gefängnisse kannte ich bis vor kurzem nur von außen und auch das nur vom Vorbeifahren. Allenfalls in der Presse hatte ich das Wort Gefängnis beiläufig zur Kenntnis genommen. Wenn mal jemand ausgebrochen ist oder jemand inhaftiert wurde. Von RAF-Terroristen oder besonders bekannten Gefängnissen wie „Santa Fu", „Stadelheim" oder dem Kölner Klingelpütz hatte ich bis dato allenfalls beim Friseur im Stern etwas gelesen. Wie schnell jedoch auch Otto-Normalverbraucher im Gefängnis landen kann und wie das Leben hinter diesen Mauern wirklich aussieht, davon hatte ich keine Ahnung. So wie Millionen andere Deutsche auch nicht. Wohl ist es leicht, zu fordern, dass die Strafen viel härter sein müssten und sich in Facebook darüber zu monieren, warum denn Strafgefangene überhaupt einen Fernseher auf der Zelle haben dürfen. Doch fast alle die, die sich da äußern, waren noch nie im Gefängnis und sprechen wie ein Blinder über das Sehen oder der Papst über Vielweiberei. All diese Leute haben schlichtweg keine Ahnung. Was einen im Gefängnis wirklich erwartet, was es dort zu beachten gibt, welche Rechte und Pflichten man hat, das erfahren Sie hier. Vorab: Sie sollten alles daransetzen, dort erst gar nicht hin zu kommen. Es ist nicht lustig.

Vorab: 7 Tipps zur U-Haft:

B evor Sie lesen, wie es mir in der U-Haft ergangen ist und was Sie im Detail erwartet, hier 7 Tipps für die U-Haft:

1. Vermeiden Sie alles, was dazu führen könnte, dass Sie in U-Haft kommen
2. Nehmen Sie sich so früh wie möglich im Vorfeld einen Anwalt – sobald eine U-Haft auch nur möglich erscheint.
3. Wählen Sie als Anwalt einen Fachanwalt für Strafrecht – keinen Wald- & Wiesen – Anwalt
4. Wenn Sie U-Haft nicht vermeiden können, versuchen Sie als Nichtraucher dort zu erscheinen – die Wahrscheinlichkeit einer Einzelzelle wird dadurch grösser
5. Versuchen Sie über Haftbeschwerde und/oder Haftprüfung die Außervollzugsetzung (möglichst über Anwalt) – in Kombination mit Kaution und Meldeauflagen
6. Lassen Sie sich von Mitgefangenen nicht provozieren. Gehen Sie Auseinandersetzungen aus dem Weg

7. Lesen Sie vorher dieses Buch, dann sind Sie auf die meisten Situationen vorbereitet

Warum kam ich überhaupt ins Gefängnis

Zig Jahre war ich im Warenhandel tätig, zuletzt als Geschäftsführer einer in Freiburg tätigen Firma.

Ein befreundeter Geschäftsführer einer in der gleichen Branche tätigen GmbH bat darum, ob ich nicht auch beratend für ihn tätig sein könnte. Nach anfänglichem Ablehnen haben wir uns hinterher darauf eingelassen und dabei möglicherweise das „eigene" Geschäft nicht mit der optimalen Aufmerksamkeit beobachtet. Ohne zu sehr ins Detail gehen zu wollen: Es kam der Zeitpunkt, wo ich einen Insolvenzantrag für das Unternehmen gestellt habe, dessen Geschäftsführer ich war. Vorsorglich hatte ich alle möglichen Kundenforderungen, die zu diesem Zeitpunkt hätten offen sein können, in einem Insolvenzantrag sorgfältigst aufgeführt. Die Firma wurde mit Stellung des Insolvenzantrags „still gelegt", um nicht einzelne Gläubiger zu begünstigen, was nach deutschem Gesetz unzulässig ist. Mehr als einen Monat nach Eigenantrag auf Insolvenz wurde ich an dem Morgen, an dem ich –

wie schon länger geplant – in einen Kurzurlaub fliegen wollte – in Freiburg verhaftet und kam in Untersuchungshaft. Unter fragwürdigen Umständen und m.E. völlig sinnlos, aber dies haben staatliche Behörden wohl ganz anders eingeschätzt. Was der Verhaftung vorausging und wie ein Verhaftungstag so abläuft, erfahren Sie im nächsten Kapitel.

Was der Verhaftung vorausging

Mein Vater, der bei Düsseldorf mit meiner Mutter lebt, ist schwer lungenkrebskrank und meine Tochter wollte mit ihrem Freund für einen Kurzurlaub (10 Tage) nach Mexico fliegen. Dies war der Grund dafür, dass ich an einem Tag Ende August Richtung Köln fuhr, um beide zu besuchen. In regelmäßigen Abständen hatte ich auch in der Vergangenheit die Eltern und die Tochter, die bei der geschiedenen Ex-Frau lebt und ansonsten studiert, besucht. Ich war gerade bei Köln auf der A3, als mich meine Ehefrau aus Freiburg anrief und mir mitteilte, dass mehrere Männer der Polizei in unserer Wohnung seien und mit einem Durchsuchungsbeschluss alles durchwühlten: Unterhosen, Kaffeedosen, Kosmetiktöpfchen. Ich bat sie, mir den Leiter der Aktion einmal zu geben, damit ich mit ihm sprechen kann. Er kam dann an das Telefon und wir telefonierten miteinander: Obwohl ich im ganzen Leben noch nie von der Polizei durchsucht wurde, teilte er mit mir, dass ich das ja schon kennen würde, es wäre ja nicht das erste Mal für mich. Ich erwiderte, dass ich mich nicht erinnern könnte, jemals schon von der Polizei durchsucht worden zu sein. Auf die Frage, was überhaupt gesucht würde, wurde geantwortet: Wir suchen insbesondere die 2015er-Buchhaltungsunterlagen der Firma, für die ich Insolvenz angemeldet hatte und den Firmenwagen. Ich teilte dem Beamten mit, dass ich die Buchhaltungsunterlagen doch bereits vollständig (und natürlich freiwillig) bereits lange zuvor an die vom Amtsgericht eingesetzte Insolvenz-Sachverständige ausgehändigt habe, die diese nunmehr verwahre. Wenn er darüber hinaus Unterlagen der Firma haben wolle, wäre dies überhaupt kein Problem: Diese stehen aufgereiht im Regal im Keller, - die Insolvenzverwalterin wollte sie schlichtweg nicht haben und hatte mich auf die angeblich mir obliegende Pflicht aufmerksam gemacht, dass ich diese verwahren müsse. Genauso hatte ich es gemacht. Ich teilte dem Beamten noch mit, dass ich auf dem Weg zu meiner Tochter sei, da diese nach Mexico in den Urlaub fliege und ich sie vorher noch sehen wolle, - ich aber gerne auf Wunsch sofort umkehre und wieder zurück nach Freiburg fahren würde, um mich seinen Fragen zu stellen oder der Durchsuchung beizuwohnen. Dafür würde ich allerdings aufgrund der Fahrtstrecke sicherlich 3 Stunden benötigen. Der Beamte teilte mit, dass dies nicht erforderlich sei, - bis dahin sei man eh fertig und voraussichtlich wieder weg.

Ich besuchte also meine Tochter und auch meine Eltern und kam am selben Abend wieder nach Freiburg zurück.

Meine Frau zeigte mir dann abends einen Durchsuchungsbeschluss und die Liste der Dinge, die man mitgenommen habe, darunter war z.B.

- PC einer anderen Firma meiner Frau
- Ordner mit privater Korrespondenz

- Buchhaltungsunterlagen
- Diverse Karten aus einem Karten-Etui
  (von der Miles & More-Karte über EC-
  Karte und Kreditkarte war wohl alles dabei)

In dem Durchsuchungsbeschluss konnte ich
lesen, was mir vorgeworfen wurde: Durch die Insolvenzanmeldung hätte ein Teil der Kunden Gelder verloren und es würden Waren aus dem Unternehmen fehlen. Dafür sei ich der Schuldige.

Eine Begründung für diese Schuldzuweisung
fand ich ebenso wenig wie auch nur den Ansatz
einer Kausalität, warum ausgerechnet ich als einer
von mehreren Angestellten der Firma für einen
möglichen Warenschwund verantwortlich gewesen sein sollte.

Nun ja, ich habe mir gedacht: „Das ist dann
wohl so… das müssen die so machen bei einer
größeren Insolvenz".

Meine Frau erzählte mir dann noch, dass die
Ermittler bei der Durchsuchung natürlich nicht nur
jeden Büstenhalter einzeln gründlich untersuchten,
sondern auch unter dem Bett und dem Sofa im
Kinderzimmer verborgene Schätze suchten
und…und das sollte sich später noch als wesentlich herausstellen: auf dem Küchentisch lagen
Reiseunterlagen von uns, da wir wenige Tage später für ein paar Tage nach Spanien fliegen wollten.
Als einer der Polizisten dies hochhielt und

bemerkte, dass wir wohl in Urlaub fliegen wollten, sagte meine Frau noch „Ist das ein Problem für Sie? Das haben wir schon vor Wochen gebucht – Hin und zurück nach Teneriffa mit den Kindern und einer Billigfluglinie. Teilweise nur mit Handgepäck, weil es billiger war." Der Polizist sagte, das wäre kein Problem, jetzt wüssten sie es ja „ist ja nur eine Urlaubsreise"

Im Nachhinein betrachtet **hätte ich zu diesem Zeitpunkt bereits einen Rechtsanwalt einschalten** müssen, dann wäre es u.U. später nicht zu einer Verhaftung gekommen.

TIP: Sollte bei Ihnen eine Hausdurchsuchung wegen eines Straftatvorwurfs stattfinden, sollten Sie sofort einen auf Strafrecht spezialisierten Anwalt hinzuziehen und zwar am gleichen Tag. Dieser kann ggf. Akteneinsicht beantragen und Weiterungen vermeiden.

Wie so eine Verhaftung abläuft

Einige Tage nach der Durchsuchung stand nun unser Kurzurlaub an. Um 13 Uhr sollte es ab Basel nach Teneriffa gehen. Für 10-14 Tage. Gebucht mit EasyJet. Die Flugtickets gab es zum Sonderpreis sehr billig, - wir haben teilweise nur mit Handgepäck gebucht, damit es besonders preiswert ist. An so einem warmen Ort wie Teneriffa braucht man allerdings auch keine kofferverzehrende Vielzahl von Thermo-Unterhosen, sondern ein paar Shorts und T-Shirts und eine lange Hose reicht (zumindest für Männer). Die Koffer standen schon gepackt im Flur, einige hatte die Frau am Vorabend schon ins Auto geladen, um morgens dann schneller los zu können. 13 Uhr ging der Flug, also dachten wir, wenn wir um 11 Uhr am Flughafen sind, ist das zeitig genug. 10 Uhr losfahren sollte von Freiburg bis Basel auf jeden Fall reichen. Irgendeine Post musste noch vor dem Urlaub per Einschreiben weg, also fuhr ich nach dem Frühstück noch kurz zur Post, gab diese auf und fuhr wieder zurück zu unserer Wohnung. Beim Einfahren in die unter unserem Haus befindliche Tiefgarage bemerkte ich allerdings wie plötzlich ein Wagen dicht hinter mir mit Karacho auch die schräge Abfahrt hinunterfuhr. Ich wunderte mich, da die sonstigen Mitbewohner des Mehrfamilienhauses ansonsten weder James Bond – Allüren noch Raser-Eigenschaften aufwiesen und dachte mir, ich werde jetzt entweder überfallen oder es ist Polizei, weil ich irgendwo zu schnell gefahren bin. Ich parkte also in unserer Parklücke ein und stelle im Spiegel fest, dass das mir nachgefahrene Auto, ein Mercedes-Modell in Silber quer hinter unserem Auto stand. So, dass ich wohl nicht mehr wegfahren konnte, was ich ja auch gar nicht vorhatte.

Nachdem ich mich von meinem Gurt befreit hatte und ausgestiegen war, stelle ich fest, dass rechts und links von diesem Auto jeweils ein Herr im Karohemd stand. Beide im mittleren Alter wie ich selbst, beide schienen irgendwie nervös und nestelten am Hosenbund herum. Noch bevor einer zu sprechen anfing, analysierte ich in Millisekunden die Situation und erkannte, dass dies kein Überfall ist: Die Täter sahen deutsch und ordentlich aus, waren nicht tätowiert, die Hemden waren gebügelt und die Oberarme sahen nicht so aus wie meine Beine. Ergo: Weder aus dem Türsteher-Milieu, noch von den Hells Angels. Außerdem standen die mit gesundem Abstand zu mir und schienen eher Angst vor mir zu haben als ich vor denen.

Und schon stellte sich einer vor, sinngemäß „Polizei, Sie sind Herr … Sie wissen sicher, warum wir hier sind…wir haben einen Haftbefehl…"

Ich fragte, ob dies denn keine Verwechslung sei.

„Nein" war die Antwort, ich könnte mir den Haftbefehl auch durchlesen und als Beschuldigter müsste ich auch nichts sagen. Eine Belehrung wie im Lehrbuch.

Nachdem ich feststellte, dass einer von beiden mit der Hand zu seiner Pistole im Hosenbund ging (wohl, um im Notfall diese schnell ziehen zu können), machte ich darauf aufmerksam, dass ich nicht von der Mafia und auch kein Drogendealer sei. Ich bot an, dass wir gerne hoch in die Wohnung gehen können, wo meine Frau sicher schon auf meine Rückkehr wartet, weil wir in Urlaub fliegen wollen. Dort können wir das gerne klären.

Dies sei aber gegen die Dienstvorschrift und auch nach einer Durchsuchung meinerseits auf Waffen wollte man nicht mit mir in die Wohnung gehen. Die Vorschriften sprächen dagegen. Sie müssten erst Verstärkung rufen. Zwei bewaffnete Männer waren wohl nicht genug, um einen unbewaffneten Zivilbürger festzunehmen. Man schien mit Weiterungen zu rechnen.

Zwischenzeitlich kamen die ersten Nachbarn in die Tiefgarage, die zur Arbeit wollten. Ich grüßte freundlich wie immer, fand die Situation aber etwas befremdlich. Das Handy des Polizisten, mit dem er Verstärkung rufen wollte, funktionierte in der Tiefgarage aber nicht, also mussten wir raus auf die Straße. Die Einfahrt rauf und auf den Bürgersteig.

Ich dachte nur „wie peinlich" und stellte mich mit den Herren auf den Bürgersteig vor unserem Haus. Hier ging dann das Handy des Polizisten und er konnte Verstärkung rufen, damit die Polizisten dann ca. **zu fünft oder sechst** waren und mich (alleine) in die Wohnung begleiten konnten. Es hätte ja sein können, dass dort 4 bewaffnete Al-Kaida-Kämpfer mit dem MG auf die warteten oder ich die beiden bewaffneten Polizisten zu überwältigen versuche. Ich wusste nur nicht, warum.

Schließlich kamen noch drei oder vier Mann Verstärkung, - so genau weiß ich es gar nicht mehr. Sie waren dann zu fünft oder sechst und trauten sich dann mit mir in die Wohnung. Ich nahm wie immer den Aufzug, was die Polizisten für keine gute Idee hielten. Ein Teil ging die Treppen. Ich fuhr mit einem anderen Teil Aufzug. Die Herren standen unter höchster Anspannung. Man sah in den Gesichtern und am ganzen Körper die Anspannung und, dass sie wohl schon Situationen erlebt hatten, wo der Delinquent gewalttätig wurde. Oben vor der Wohnung angekommen, schloss ich die Tür auf und meine Frau – noch halb verschlafen – öffnete die Tür und sah hinter mir eine Horde Männer. Ich eröffnete die Konversation mit „Hallo Schatz, hier sind ein paar Herren der Polizei, lass uns mal rein, die Herrschaften wollen mich verhaften"

Meine Frau hat ein feines Gespür dafür, wann ich Späße mache und wann eher nicht und hat verstanden, dass das eher unwitzig gemeint war. Ein Polizist händigte mir den Haftbefehl aus. Mehrere DINA4-Blätter hintereinander, die in blutrot gehalten sind, damit es wohl eindringlicher wirkt oder auf Behördenschreibtischen schneller gefunden wird.

Haftbefehl aus Grimms Märchen:

Ich lese mir das Ding schnell durch und denke direkt am Anfang „stimmt doch gar nicht". Im Haftbefehl stand u.a. bei Familienstand „ledig" oder

„geschieden", obwohl ich verheiratet war und dies auch ordnungsgemäß bei allen etwaigen Behörden gemeldet war. Dies war deshalb so bedeutend, weil etwas später im Haftbefehl sinngemäß stand, dass ich keine ausreichende soziale Bindung an Familienangehörige hätte und deswegen fluchtge-fährdet bin. Aber es kam noch besser: Ein paar Zeilen später stand dort, dass meine Tochter ja für ein Jahr nach Mexico geht und ich deswegen fluchtgefährdet sei. Allerdings hatte meine Tochter im ganzen Leben noch nicht vor, für ein Jahr nach Mexico zu gehen und niemand auf der ganzen Welt hat so etwas kommuniziert. Ich selber hatte dem Polizisten bei der Durchsuchung telefonisch mitgeteilt, dass meine Tochter nach Mexico in den Urlaub fliegt. Von „Auswanderung" oder „einem Jahr" hat niemand gesprochen. Vielleicht dachten die auch, dass ich mit nach Mexico aus-wandere ?

Zur Frage der „Untersuchungshaft", zu der ich eingeladen war, muss man wissen, dass Untersu-chungshaft nicht etwa eine vorweggenommene Strafe für Leute ist, die etwas Böses gemacht ha-ben sollen, sondern Untersuchungshaft kann in Deutschland im Prinzip nur aus drei Gründen „verhängt" werden:

- **Wiederholungsgefahr:** Ich bin z.B. Triebtäter und habe 127 Frauen vergewal-tigt. Hier wird ein Richter die Allgemein-heit vor dem 128. Fall schützen wollen und Untersuchungshaft anordnen. In meinem Fall bestand jedoch keine Wiederholungsgefahr, da das Gewerbe eingestellt war und ich auch keinerlei Anstalten machte, dies wieder aufleben zu lassen. Aus dem Grund hatte dies noch nicht mal die Staatsanwaltschaft als Grund im Antrag genannt

- **Verdunklungsgefahr:** Ich werde im Auto mit 3 Kumpels erwischt und im Kofferraum sind 20 Kilo Marihuana. Dann sperrt man üblicherweise alle 4 in separate Gefängnisse, um zu verhindern, dass Absprachen untereinander stattfinden. Meine Insolvenzanmeldung lag allerdings schon mehr als 1 Monat zurück und ich hatte diese selber bereits vollumfänglich angezeigt, was hätte es da zu verdunkeln gegeben? Aus diesem Grund hat dies noch nicht einmal die Staatsanwaltschaft beantragt.

- **Fluchtgefahr:** Die Wahrscheinlichkeit einer Verurteilung muss so groß sein und die Straferwartung so hoch und die Sozialbindung so schwach, dass eine überwiegende Wahrscheinlichkeit besteht, dass der Delinquent flieht. Ich lebte zu diesem Zeitpunkt verheiratet mit meiner Frau und einem schulpflichtigen Kind in einem Haushalt zusammen, mein Vater war schwer lungenkrebskrank, weswegen ich ihn regelmäßig besuchte. Ebenso hatte/habe ich eine Tochter, die bei der Exfrau im Rheinland lebte. Mein

Reisepass für Reisen ins außereuropäische
Ausland war überdies sowieso abgelaufen,- ich hatte ihn noch nicht verlängert,
da ich nicht vorhatte, ins außereuropäische Ausland zu reisen. Ich hätte also gar
nicht z.B. nach Mexico fliegen können.

Auch wenn einer der drei Haftgründe Wiederholungsgefahr, Verdunkelungsgefahr oder
Fluchtgefahr vorliegt, muss immer noch geprüft werden, ob überhaupt eine hinreichende
Wahrscheinlichkeit für die Begehung der Tat
und eine Bestrafung gegeben ist. Die Staatsanwaltschaft hatte bisher nur argumentiert „Es
fehlen (vermutlich) Waren, also muss es un-
sere Verdachtsperson gewesen sein" So stand
es im Haftbefehl.
Die Staatsanwaltschaft hat mit ein bisschen
Schwindeln („Er ist nicht verheiratet, also hat
er keine Bindung" und „Seine Tochter geht ja
auch für ein Jahr nach Mexico, also könnte er
mitgehen oder aber keinen Grund haben, nicht
zu fliehen") den Haftbefehl beim Richter erreicht. Vorsichtshalber haben die noch in den
Haftbefehl geschrieben, dass ich eine „Auslandsreise vorhabe". Natürlich nicht, dass ich
für 10 Tage nach Teneriffa in den Urlaub mit
Handgepäck fliege und der Rückflug schon
gebucht ist, sondern „Auslandsreise".

Ich hatte solche Mauscheleien/Schwindeleien
im Reich von Berlusconi, in China oder in

Russland für möglich gehalten, aber nicht im
badischen Freiburg.

Ich machte die Polizisten vor Ort auf diesen
Irrtum aufmerksam: Ich bin verheiratet,
wohne mit einem Kind in einem Haushalt,
was in den Abiturvorbereitungen steht und
habe eine enge Bindung an die Familie. An
die Eltern und an meine Tochter. Überdies ist
die Urlaubsreise mit Hin- und Rückflug ja bekannt und ich habe diese überdies VORHER
der Insolvenzverwalterin schriftlich angekündigt.

**Dies wäre der erste Fluchtversuch eines Tä-
ters, der vorher schriftlich angekündigt
würde.** Hat die Herren aber nicht beeindruckt.

Um 13 Uhr ging der Flug. Es war kurz nach 9
Uhr. Wenn man festgenommen wird – so
wurde ich belehrt – muss man noch einem
Haftrichter vorgeführt werden, der das alles
nochmal prüft.
„Aha", dachte ich, „dann kann ich das ja da
richtigstellen und komme vielleicht doch noch
zum Flug". Diesen Gefallen wollten mir die
Herren Polizisten und der Richter aber nicht
tun, sondern haben einen Haftprüfungstermin
für 13.30 Uhr angesetzt. 30 Minuten nach dem
Flug.

Also entschieden wir, dass die Kinder (Sohn
und Freundin) alleine in den Urlaub fliegen

und die Frau und ich hierbleiben. Ggf. nach-
kommen. Dachten wir.

Ich packte eine kleine Tasche mit Zahnbürste,
Rasierer und zwei Unterhosen, falls ich über
Nacht bleiben müsste. Mit mehr hatte ich
nicht gerechnet.

Ich wurde hinten in ein Zivilfahrzeug ver-
frachtet, mit *Kindersicherung*, damit ich nicht
weglaufe. Neben mich setzte sich ein Zivilpo-
lizist und vorne noch einer zum Fahren.

Stolz erzählte mir der Fahrer, ein Kripobeam-
ter, dass dies ein neuer·Mercedes mit xy PS
sei, was mich allerdings nur wenig interes-
sierte. Wir fuhren durch die Stadt zum Polizei-
revier. Mit überhöhter Geschwindigkeit, wie
ich feststellte, aber ohne Blaulicht. Der Fahrer
war so in Schwung, dass er glatt die Einfahrt
zum Polizeigebäude verpasste und noch einmal um den Block fahren musste, um einen
zweiten Anlauf zu nehmen.

Verhör ohne alles und Holzpritsche

Ich kam nach oben in eines der oberen Stockwerke des Polizeigebäudes in einen „Verhör-
raum", wo ich verhört werden sollte. Meine
Kenntnis aus schlechten CSI-Filmen sagte mir
„Sag erstmal nix ohne den Anwalt". Diesen

23

hatten wir von zuhause schon informiert. Natürlich war er gerade in Frankreich im Urlaub, aber eine Vertretung nahm sich meiner an. Der vernehmende Beamte belehrte mich auch, dass ich als Beschuldigter nichts sagen müsste und protokollierte dies anständig auf einem DINA4-Bogen.

Ich wurde dann in den Keller oder eines der niederen Geschosse verbracht zur „erkennungsdienstlichen Behandlung": Fingerabdrücke wurden genommen und gespeichert und ich wurde nach Tätowierungen und Narben gefragt. Falls ich also später mal jemanden vergewaltige oder eine Bank überfalle, hätte ich schlechte Karten. Hatte ich aber nicht vor und werde ich sicher im ganzen Leben auch nicht tun. Auf jeden Fall war ein weiterer Beamter mit der Sicherung beschäftigt. Auch wurde ich von der Seite und von vorne fotografiert. Wie man das von Schwerverbrecher-Bildern aus den USA kennt.

Da ich danach noch etwas Zeit bis zum Haftprüfungstermin hatte, durfte ich in die polizeieigene Zelle: Groß, geräumig und mit einer Holzpritsche ausgestattet. Ohne Decke, ohne Matratze. Kein Fernseher, keine Playstation und kein Buch. Meinen Gürtel musste ich vorher abgeben, damit ich mich nicht aufhänge. Hatte ich aber auch nicht vor, - insoweit war dies nicht störend. Für die Herrschaften nur ein Verwaltungsakt mehr: Protokollierung von Verwahrstücken.

Bevor ich es vergesse: Mein Handy haben die dann auch gleich mal behalten und mich noch gefragt, ob ich es denn nicht anmachen kann und den Pin darauf notieren wolle. Diese freundliche Einladung habe ich jedoch nicht angenommen. Die Polizei kann ja ohnehin alles mitlesen: SMS, Telefonate, Emails. Im Zweifel einfach die NSA fragen, die haben ein Backup…, dachte ich.

1-2 Stündchen konnte ich da ungestört dösen, wenn nicht in der Nähe ein Einsatzraum oder die Zentrale der Streifenpolizisten gewesen wäre, wo ab und zu jemand gerufen hat. Aber die machen ja auch nur ihre Arbeit, dachte ich mir. Ist ja kein Schlaflabor. So richtig bequem ist anders. Ich stellte mir vor, es ist eine Sauna – da gibt es auch keine Matratzen und Bettdecken, - so konnte ich etwas dösen. Vorstellungskraft sollte später in der Haft noch eine wichtige Eigenschaft werden, um alles leichter zu ertragen.

Haftprüfung beim Richter

Die deutsche Bürokratie, bzw. das Rechtssystem sieht auch bei einem Festgenommenen vor, dass ein Haftrichter am Amtsgericht noch einmal eine Haftprüfung vornimmt, ob man auch wirklich in Untersuchungshaft gehen soll und dafür ausreichende Gründe vorliegen. Ich dachte, ich kann das da alles richtigstellen und der wird das dann verwerfen. Ich hatte nur nicht bedacht, dass die Haftprüfung ja ein Kollege des Richters machen könnte, der den Haftbefehl vorher unterschrieben hat oder ggf. ein Richter, der den Haftbefehl seines „Vorgesetzten", des Amtsgerichtsleiters zu überprüfen hätte.

Aber der Reihe nach: Wir fuhren also vom Polizeipräsidium wieder in der Zivil-Limousine, Typ: Mercedes durch die Stadt zum Amtsgericht und durften dort im Hof parken. Auf Handschellen beim Transport wurde verzichtet, weil die Herren wohl erkannt hatten, dass ich nicht aus Kalabrien stamme und berufsmäßig mit Drogen handele. Wir hatten vereinbart, dass ich meinen Anwalt 10-15 Minuten vor dem Haftprüfungstermin vor dem Richterzimmer treffe und mich mit ihm besprechen könne. Vor dem Richterzimmer war zunächst kein Richter, sondern ein Mitbürger mit Migrationshintergrund, Handschellen und einem eher für afrikanische Herkunft sprechendem Äußeren. Der würde wohl nach mir „haftgeprüft". Wir befanden uns im ersten oder zweiten Stock des Amtsgerichts, auf jeden Fall in einem der oberen Stockwerke. Mein Anwalt kam und uns wurde aus Platzmangel das Richterzimmer für eine Vorbesprechung angeboten. Mittlerweile waren drei oder vier Polizisten eingetroffen. Wofür war mir schleierhaft, aber sie waren da. Der, der vermeintlich den höchsten Rang hatte, inspizierte das Zimmer, in dem ich mich mit dem Anwalt vorbesprechen sollte und kritisierte, dass ich dort aus dem Fenster springen könnte. Ich versicherte, dies nicht zu tun (Ich wüsste auch nicht warum). Trotz des oberen Stockwerks konnten wir ihn aber nicht davon abhalten, dass er hinausging und unten den Bürgersteig sicherte: Wenn ich also herausgesprungen wäre und mir die Beine oder Wirbelsäule gebrochen hätte, hätte er mich auf jeden Fall an der weiteren Flucht gehindert. Als er unten postiert war, durften wir ins Besprechungszimmer und uns kurz vorbesprechen. Der Anwalt, eine Vertretung meines eigenen Anwalts fragte die Umstände des Falles ab und besprach die weitere Vorgehensweise. Dann kam der Richter, der mir gegenüber am Schreibtisch Platz nahm, ein Staatsanwalt saß da und noch mehrere Kriminalpolizisten. Viel mehr Personen hätten nicht in den Raum gepasst. Der Richter las vor, was mir vorgeworfen wurde und mein Anwalt machte geltend, dass der Haftgrund der Fluchtgefahr bei mir nicht gegeben sei: Ich lebe schon seit 16 Jahren mit meiner Frau zusammen, wohne seit vielen Jahren in Freiburg, habe hier Freunde und soziale Bezugspunkte, das Kind steht kurz vor dem Abitur. Meine Tochter geht nicht für ein Jahr nach Mexiko und im Gegensatz zu den Aussagen im Haftbefehl gibt es wohl niemanden in Freiburg, der bessere soziale Bindungen im Familienkreis habe wie ich. Das Gegenteil von dem, was im Haftbefehl behauptet wurde. Er erwähnte auch, dass der Familienstand im Haftbefehl falsch sei: Ich sei nachweislich verheiratet.

Der Richter machte sich fleißig Notizen. Der Staatsanwalt warf ein, dass bei meinen ec- und Kreditkarten auch eine Kontokarte einer Schweizer Bank gefunden wurde: Dort könnte ich Vermögen versteckt haben, dies müsste noch geklärt werden.

Mein Einwand, dass das Konto zu Zahlungszwecken eingerichtet sei und dort regelmäßig nie mehr als ca. 1000 Euro darauf seien, er zudem die Kontoauszüge zu dem Konto bei der Durchsuchung mitgenommen habe oder diese noch in der Wohnung seien und er dies auch sehen könnte, blieb unbeachtet. Noch hatte ich Humor und bot ihm an, wenn er in der Schweiz ein Vermögen von mir findet, mache ich halbe/halbe mit ihm. Da ich in der Schweiz im meinem ganzen Leben noch nie

28

eine Geldanlage getätigt habe (wovon auch), konnte ich dies ruhigen Gewissens sagen.

Der Richter stellte noch 2-3 Fragen und verabschiedete sich „zur Prüfung der Angelegenheit", um bereits kurze Zeit später mit einem mehrseitigen Pamphlet wieder zu kommen, wo im Ergebnis drinstand: „Haftbefehl bleibt aufrecht: Untersuchungshaft b.a.w." Es drängte sich mir der Verdacht auf, dass das Ergebnis der sogenannten „Haftprüfung" schon **vor der Prüfung feststand** und ein entsprechender „Bescheid" schon formuliert war.

Die sogenannte Haftprüfung war in meinen Augen eine Farce. Bei ernsthafter Prüfung hätte ein solcher Haftbefehl, der noch nicht einmal die einzelnen Straftatvorwürfe explizit enthielt, sowie auf einer **konstruierten** Fluchtgefahr aufbaute, nicht durchgehen dürfen. Meine ganz persönliche Meinung.

Im Ergebnis war es jetzt aber so, wie es war: Ich sollte in Untersuchungshaft kommen und wurde – wieder mit dem Zivil-Mercedes - in das Freiburger Gefängnis, welches man vornehm „Justizvollzugsanstalt" nennt, kurz JVA eingeliefert.

Eine ebenso spannende wie überflüssige und völlig sinnlose Zeit sollte beginnen. Eine Zeit, die den Staat in erster Linie Geld kostet und sonst keinen fühlbaren Nutzen hat.

Einlieferung in die JVA

M it dem zivilen Polizei-Mercedes ging es kurz nach der sogenannten Haftprüfung direkt vom Amtsgerichts-Innenhof zum Gefängnis in Freiburg, welches ich bis dato allenfalls vom Vorbeifahren kannte, ein imposanter älterer Bau, der von einer hohen Mauer umgeben ist. So hat man es beim Vorbeifahren gesehen. Der Bau befindet sich am Rande der Freiburger Innenstadt, - in einem Viertel, wo auch Finanzämter und andere Behörden ihren Sitz haben. Zwei Kriminalbeamte fuhren mit mir in eine Art Sicherheitsschleuse ein. Hinter uns schloss sich wieder das Tor und ein Gefängnis-Bediensteter kam aus einer Tür. Die Beamten tauschen Formulare aus. Irgendwas (ein Autoschlüssel o.ä.) hatte ich noch in der Hosentasche, was ich einem Kripobeamten mitgab, der so freundlich war, dies später meiner Frau zu übergeben, die sich dazu mit ihm auf einem Lidl-Parkplatz (wie konspirativ) getroffen hat. Freundlich von ihm, habe ich gedacht.

Die beiden Kripo-Beamten fuhren wieder und ich wurde von einem Gefängnis-Bediensteten, der eine dunkle Uniform anhatte, zu einer Art „Aufnahmeraum" gebracht. Meine Sporttasche mit Unterhose, Zahnbürste und Rasierer durfte ich mitnehmen.

Nackt im Büro

In einem winzigen Büro saß ich dann dem Beamten gegenüber und musste ein paar Fragen beantworten, die er wohl zum Ausfüllen in einer Computermaske benötigte. Anschließend wurde ich höflich gebeten, mich auszuziehen. Ich zog mich bis auf die Unterhose aus, was ein kurzes „ganz" als Anweisung zur Folge hatte, was mich veranlasste, auch die Unterhose abzulegen. Gut, dass ich keine Unterhose mit Biene Maja – Motiven anhatte, das hätte sicher für Heiterkeit gesorgt. Zusätzlich musste ich noch Arme und Beide ausstrecken, dass ich nicht unter der Achsel noch etwas versteckt hätte. Als letzte Anweisung kam dann die Aufforderung so in die Hocke zu gehen, als wenn ich auf das Klo wollte, damit etwas, was im Po versteckt wäre, dann herausfällt.

Der Gefängnisbedienstete hatte sich zwischenzeitlich Gummihandschuhe angezogen, inspizierte damit die von mir abgelegte Kleidung, ob ich da nicht im Saum o.ä. etwas eingenäht hatte. Die Region um den Po und die primären Geschlechtsmerkmale wurde daraufhin untersucht, ob ich nicht dort etwas versteckt habe.

Hier wurde mir klar, dass man in diesen Räumen üblicherweise Männer anderen Kalibers untersuchen musste, die vielleicht Handys oder Messer im Analbereich verstecken. Mit diesem Thema hatte ich mich aber nicht beschäftigt.

Der Angestellte war – für meinen Eindruck – sehr freundlich und wickelte diese Überprüfung so human wie möglich ab, - auf proktologische Übungen unter Fingereinsatz verzichtete er – wohl erkennend, dass ich nicht dem üblichen Bild eines Gefangenen dort entsprach. Schon bei der Aufnahmefrage, ob ich tätowiert sei, staunte er bei der Antwort „nein". Später sollte ich lernen, dass nicht tätowierte Gefangene in etwa so selten sind wie flügellose Tauben.

Ich durfte meine Sachen wieder anziehen, - meine Tasche nahm man mir aber ab – samt Inhalt. Auch Zahnbürste, Zahnpasta oder Rasierer durfte ich nicht behalten. Wozu habe ich das überhaupt eingepackt?

Sämtliche Sachen, die ich in Hosentaschen hatte, durfte ich auch abgeben, dazu gehörte ein Etui mit Kundenkarten und Bargeld (knapp über 100 Euro). Dafür erhielt ich natürlich eine detaillierte Quittung. Behalten durfte ich meine Armbanduhr, nachdem sich der Angestellte vergewissert hat, dass diese weder besonders wertvoll noch mit einer Telefonfunktion oder ähnlich ausgestattet ist.

Dann führte mich der JVA-Angestellte in den sogenannten „Schub". Wie ich später lernen sollte, ist die *Schubabteilung* der Trakt, in die alle Neuankömmlinge erst einmal hereinkommen, bevor

sie in eine Zelle verlegt werden, die dann üblicherweise für längeren Verbleib gedacht ist.

Mittlerweile war es früher Abend und ich wurde
einem älteren Bediensteten übergeben, der auch
erkannte, dass ich dort eigentlich nicht hingehöre
und mich von den anderen Insassen unterscheide –
durch Wortwahl, Aussehen, Kleidung und Um-
fangsformen.

Bringen Sie sich bitte nicht um

Er machte mir deutlich, dass er für mich –
abweichend von sonstigem Vorgehen –
eine **Einzelzelle** vorgesehen habe, aber ich
müsse ihm versprechen, mich nicht umzu-
bringen. Er erklärte mir, dass dies eine harte Um-
stellung zu „draußen" sei und sich dann der eine
oder andere umbringt. Die anderen Insassen in den
anderen Zellen wären aber von einem anderen
Schlag als ich und überdies Raucher, was ich nicht
bin. Ich versicherte ihm, dass eher er sich umbringt als ich mich und er sich darauf verlassen
könne. Ich hätte auch keinen Grund dazu.

Er ging mit mir zu einer Zellentür – durch men-
schenleere Gänge, die anderen Insassen waren
wohl schon alle wieder weggeschlossen worden.
Irgendwas zum Essen habe ich noch in die Hand

gedrückt bekommen, ich glaube, es war eine Tüte mit trockenen Brotscheiben. Die Essensausgabe war schon vorbei und man scheint schlichtweg im Gefängnis nicht darauf eingestellt zu sein, dass Gefangene rund um die Uhr eingeliefert werden können. Ich hatte an dem Tag nur morgens kurz ein Brot gegessen, Mittagessen und Abendessen fiel an diesem Tag aus. Später sollte ich in einem Protokoll lesen, dass man mir bei der Polizei etwas zu essen angeboten hätte. Daran kann ich mich aber nicht erinnern.

Wie dem auch sei: Beim Aufschließen der Zellentür kam noch ein älterer Gefangener auf den Gang und gab mir freundlich eine Packung mit Teebeuteln in die Hand.

Ich war überrascht über so viel Freundlichkeit, war mir aber gar nicht sicher, ob ich das annehmen durfte und fragte den Wärter, ob ich das annehmen darf, was er bejahte. Bei dem Gefangenen sollte es sich wohl um den Flur-Schänzer handeln, ein Begriff, den ich erst später kennen lernen sollte. Im Prinzip ein Gefangener, der Vorrechte hat, dafür aber bestimmte Arbeiten wie Putzen, Essen austeilen etc. erledigen muss. Solche Schänzer gibt es in jedem Trakt. Es sollen besonders vertrauenswürdige Gefangene sein, - denn deren Zellentüren sind häufig den ganzen Tag oder Großteile davon offen, damit sie ihre Arbeiten erledigen können.

Und schwuppdiwupp war die Tür von außen zu und ich – zum ersten Mal in meinem Leben – in einer Zelle eingeschlossen. Im *Schub*, wie es dort genannt wurde. Fernseher und Wasserkocher waren in der Zelle, ansonsten ein Etagenbett, wie man aus Jugendherbergen der 80er-Jahre kennt und ein heruntergekommener Schrank. Alles war bekritzelt: Schrank, Wände, Bett.

Ich hatte ein Fenster zu einer Wiese und nach ein paar Metern kam eine hohe Mauer, - dahinter konnte ich in einiger Entfernung die Fenster eines Hochhauses entdecken, vermutlich das Sankt Josef-Krankenhaus, welches in der Nähe des Gefängnisses lag – oder auch ein anderes Gebäude, dachte ich.

Ich legte mich erstmal auf das Bett, welches eine dünne Plastikmatratze aufwies, ein ebenso dünnes Kopfkissen und eine Decke zum Zudecken, die man sonst üblicherweise bei der Bundeswehr oder im Pferdestall vermuten würde. Da es Sommer war, sollte das wohl ausreichen.

Auf dem Bett liegend inspizierte ich erst einmal das Zimmer, wie ich es für mich nannte, damit in meinem Kopf nicht das Wort „Zelle" arbeitete – aus reinem Selbstschutz.

Kein Satz ohne Fehler

Da es ja keinerlei Anweisung gab, was jetzt wohl mit mir passiert, ging ich davon aus, hier übernachten zu müssen und am nächsten Tag wird sich wohl einer etwas einfallen lassen. Mein erster Gedanke war: Wasser und Brot, das ist ja so wie vor 100 Jahren, da

haben es die Asylanten ja in der Erstaufnahme-
stelle besser als ich. Nach Betrachtung meines
Bauches und dem Brotbeutel kam ich aber zu dem
Schluss: Ein wenig Abnehmen würde mir nicht
schaden und wenn die mir jeden Tag eine Tüte
Brot reinwerfen, werde ich nicht verhungern, bekomme allenfalls Pickel oder Haarausfall. Für
Deutschland konnte ich mir das aber nicht vorstellen. Die Brottüte habe ich einfach auf mangelhafte
Organisation zurückgeführt. Es gibt nach Küchen-
schluss dort einfach kein Lebensmittelpaket, was
man einem Neuankömmling geben könnte, - vielleicht mit dauerhaft haltbaren Sachen oder wie bei
der Bundeswehr ein EPA/Einmannpaket mit haltbaren Lebensmitteln. Es hat einfach niemand daran gedacht, … aber ich hatte einen Wasserhahn
im Zimmer, Brot und einen Fernseher. So
schlimm war es also nicht.

Also beschäftigte ich mich mit den Inschriften auf
dem Schrank, den Wänden und dem Bett. Mein
erster Gedanke war „Wieso lassen die Wärter das
zu, dass die Gefangenen das Zimmer so versauen?
Warum fahren die nicht eine „Zero-Toleranz-Strategie"?
In meiner Vorstellung könnte man eine solche
Zelle sauber zur Verfügung stellen und der Gefangene, der die verlässt, muss die auch *sauber* verlassen. Ist sie nicht sauber, säubert er sie solange,
bis sie wieder astrein ist und wenn er sie dazu neu
streichen muss.

Da ich aber nicht als Unternehmensberater dort war, um Verbesserungsvorschläge zu machen, sondern als Insasse, begann ich, mich mit den Inschriften inhaltlich zu beschäftigen. Ich dachte mir, lies Dir das mal alles durch, vielleicht kannst Du daraus etwas für den Aufenthalt lernen.

Als Erstes fiel auf, dass wirklich **kein einziger Satz fehlerfrei** war. Auch keiner mit nur 3 Wörtern. Jeder Satz hatte Rechtschreibfehler. Jeder.

Ich schloss daraus, dass es entweder einen hohen Ausländeranteil mit nur rudimentären Deutschkenntnissen hier geben müsse oder aber Menschen aus untersten Bildungsschichten vor mir im Zimmer verweilten. Beides sollte sich bewahrheiten.

Es fanden sich Sätze wie
- Fuck the Justitz
- Und wenn sie dich noch so lange hier behalten, irgentwann müssen sie dich raußlassen
- Offenburg Knast ist scheise
- Turkey forrever, forrever Turkey
- Allah ist gross
- No dope no hop
  Muss

und ähnliche Kritzeleien. Da ich mich entschied, auf der unteren Matratze meine Liegeposition einzunehmen, konnte ich zunächst die Kritzeleien auf der Unterseite des über mir befindlichen Bettes lesen. Alles vollgeschmiert. Im

Holzschrank waren teilweise Sprüche eingeritzt, teilweise mit Kuli o.ä. beschmiert.

Das Fenster war vergittert, aber ich hatte auch nicht den Ehrgeiz, den Raum durch das Fenster zu verlassen.

In der Folge probierte ich den Fernseher aus, was auch schon schwierig war, da es sich wohl um einen Flachbildschirm handelte, aber um irgendein Billigmodell aus China, wo ich erstmal erkunden musste, wo dieser wohl die Knöpfe zum Einschalten hatte... oben auf der Leiste des Fernsehers... da muss man erstmal drauf kommen... es gab eine ganze Reihe an Programmen. Ich dachte: So schlimm ist es ja gar nicht: Man hat Fernsehen, es gibt was zu essen und zu trinken und liegen darf man auch.

Den Fernseher schaltete ich aber schnell wieder aus, da sich draußen Gespräche zwischen den Gefangenen entwickelten, die sich wohl von Fenster zu Fenster unterhielten. Hier wollte ich etwas zuhören, man lernt ja nie aus. Bisher kannte ich das nur aus dem Fernsehen. Allerdings musste ich nach kurzer Zeit feststellen, dass die Gespräche wohl laut und aggressiv, aber in fremden Sprachen stattfanden, die sich mir nicht erschlossen. Englisch und Latein hätte ich verstanden, vielleicht noch Spanisch und Italienisch, aber es waren wohl weder Briten, noch Päpste, noch westliche Mittelmeeranrainer in den Zellen. Vielleicht war es Russisch, Arabisch oder Türkisch, - ich wusste es nicht, mein diesbezügliches Gehör sollte sich erst in den nächsten Wochen schärfen.

Ich konnte nicht ausschließen, dass die in der Nacht vielleicht noch jemanden zu mir in die Zelle stecken und überlegte, ob ich lieber unten oder oben im Etagenbett schlafen sollte. Ich entschied mich für unten, damit ich nicht von unten getreten werden konnte, falls ich oben liegen sollte. Gottseidank kam dann aber niemand hinzu.

Die zweite Sorge war, dass ich irgendwann früh morgens von einem Wärter geweckt werden könnte und dann ganz schnell unvorbereitet irgendwohin muss. Darauf hatte ich keine Lust, also stellte ich mir meinen Wecker in der Armbanduhr, die ich behalten durfte, auf 5.30 Uhr, damit ich auf jeden Fall schon wach bin, bevor jemand morgens die Tür aufreißt. Schnarchend und mit zerknautschtem Gesicht sollte mich niemand sehen.

So lag ich da und dachte noch einmal über den Tag und das Leben nach, während es in den Abendstunden alle Nase lang draußen irgendwo schepperte. Es hörte sich so an, als wenn etwas gegen die Scheibe geflogen war. So war es auch: Bei einem Blick aus dem Fenster drängte sich mir der Eindruck auf, dass Dinge über die Mauer geschmissen wurden, die dann vor den Fenstern landeten. Später sollte ich lernen, dass z.B. in Tennisbällen kleine Handys, Messer oder Drogen in das Gefängnis befördert werden.

Damit wollte ich nichts zu tun haben. Das Geplappere draußen, wollte ich an sich auch nicht mehr hören, aber bei geschlossenem Fenster wollte ich nicht schlafen. Also blieb das Fenster auf, aber ich versuchte zu schlafen und etwaige Streitereien oder Rufe draußen ebenso auszublenden wie die Geräusche vermeintlicher Flugobjekte, die an Fenstern landeten.

Ich fragte mich nur, warum das keinem auffällt und das keiner abstellt. Kann doch nicht so schwer sein, - aber ich war ja nicht als Unternehmensberater oder Sicherheitsmanager engagiert worden. Ich hatte auch keine Lust, Minuspunkte zu sammeln, in dem ich die Beobachtungen melde und mir damit den Unmut anderer Insassen zuziehe. Das empfand ich als wenig klug, da ich vorhatte, dieses Gästehaus der besonderen Art lebend wieder zu verlassen und nicht in der Horizontalen mit aufgeschnittenem Hals.

In der ersten Nacht im Gefängnis schlief ich schlecht, weil die vielen ungewohnten Geräusche einen wach halten, - ebenso wie die ständige Angst, dass jemand die Tür öffnet und entweder jemanden dazu legt oder aber einen „Zimmerwechsel" anordnet oder auch nur einen Kontrollblick in das Zimmer werfen will.

Erster Tag in U-Haft

Tja… da war sie um …die erste Nacht im
Gefängnis, als um 5.30 Uhr mein Wecker
am Arm klingelte. Ich lag aber eh halb-
wach da, da immer wieder draußen auf
dem Gang jemand mit seinem Schlüsselbund ra-
schelte und wohl einen Kontrollgang machte…
ein Geräusch, was mich die nächsten Wochen begleiten sollte…das Rasseln eines Schlüsselbundes,
von dem man nie weiß, ob er in Kürze die eigene
Tür von außen aufschließt oder eben nicht. Ich
stehe also um 5.30 Uhr auf, wasche mir mit dem
kalten Wasser aus dem Hahn das Gesicht und
ziehe mir wieder mein eines Hemd an, welches ich
schon am Vortag anhatte, die gleiche Hose und
Unterhose wie seit dem Vortag… und denke mir
so, dass das auf Dauer anfangen wird, unange-
nehm zu riechen…aber ich bin sicher, auch dafür
gibt es eine Lösung…
Irgendwann zwischen 6 und 7 aus der Erinnerung
schließt jemand von außen die Tür auf und sagt
„Duschen". Damit war wohl gemeint, dass ich
nunmehr die Möglichkeit hätte, mich zu duschen.
Mit einem „Los,los" wurde zusätzlich die Information versteckt übertragen, dass dazu wohl nicht
allzu viel Zeit zur Verfügung steht. Ich verlasse
also meine Zelle und treffe wieder auf die gute
Seele, die mir am Abend zuvor den Tee zugesteckt

hatte. Nun gibt er mir ein Handtuch und fragt, ob ich neue Unterwäsche wollte, was ich bejahte. Es gab dann neben dem Handtuch eine Unterhose in hellblau, Modell „Großvater unsportlich" und ein T-Shirt, ebenfalls in zartem hellblau, was hier wohl die Sträflingskleidungsfarbe war. Damit bewaffnet ging ich in Richtung, die mir bedeutet wurde. Nach ein paar Metern rechts sah ich eine Dusche, wo mehrere Duschköpfe angebracht waren und bereits ein junger Mann duschte. Ich zog mich aus, legte meine Sachen auf die dort vorhandene Holzbank und dachte mir, was da wohl schon alles drauf gelegen hat und dass es hoffentlich keiner klaut und ging duschen. Es folgte noch ein junger Mann, der auch zum Duschen ging. Wir waren dann schon zu dritt. Duschgel war aus einem Dispenser zu entnehmen. Eigentlich praktisch. Mir fiel dann auf, dass ich der Einzige war, der nackt duschte, die anderen beiden ließen ihre Unterhose beim Duschen an. Ich erinnerte mich an die vielen Witze und TV-Serien, in denen es sich nicht bewährt hatte, sich in Männer-Gefängnissen beim Duschen nach der Seife zu bücken und beschloss, den Duschvorgang so schnell wie möglich zu beenden und nur die allernotwendigste Zeit damit zu verbringen, um mich nicht dem Risiko von Übergriffen auszusetzen. Seife konnte nicht herunterfallen, ich hatte nämlich keine.
Nach einer Schnelldusche trocknete ich mich schnell ab und hoffte, dass kein Triebtäter bei den Mitduschern dabei war. Dann durfte ich wieder in meine Zelle, die nach mir auch wieder

verschlossen wurde. Eine Aktion von noch nicht einmal 10 Minuten.

Und dann tat sich erstmal nichts. Nichts bis zum Mittag, wo jemand von draußen etwas Essen hereinreichte, - ich glaube sogar durch eine Klappe in der Stahltür, wie in einem schlechten Film. Irgendwas Warmes, was so schlecht aber gar nicht schmeckte. Da ich schon länger nichts mehr gegessen hatte, verputzte ich das in relativ kurzer Zeit, worauf sich auch wieder lange Zeit nichts tat. Nichts.
Ich spülte das Blechgeschirr im Waschbecken und guckte Fernsehen. Tagsüber kommt aber viel Quatsch im Fernsehen, musste ich feststellen. Seit dem sechsten Lebensjahr hatte ich bis dahin weitgehend auf den Fernsehkonsum tagsüber verzichtet. Ich hatte auch nicht den Eindruck, dass ich etwas verpasst hatte. Gestellte Serien, TV-Shows und Nachrichten, die sich alle 15 Minuten fast identisch wiederholten, hatten nur einen beschränkten Nährwert für mich.

Spät nachmittags ging nochmal das Kläppchen oder die Tür auf und es reichte mir jemand ein paar Scheiben Brot rein (hatte ich doch noch) und zwei Scheiben Wurst o.ä.. Das aß ich dann auch artig auf, - man weiß ja nie, wann es das nächste gibt.

Einmal noch schaute der ältere Bedienstete herein, der mich am „Einweisungsabend" einquartiert hatte und besorgt war, dass ich mich umbringe und schaute, ob ich noch lebe. Das war es dann aber auch. Der erste Tag im „Knast" ging also dem Ende entgegen, außer einer Schnelldusche, einer blauen Unterhose und zweimaliger Fütterung durch die Luke ist nichts passiert.

Immer wieder roch ich unter meinen Achseln, ob sich da nicht langsam ein Geruch entwickelt, da ich alle meine Toilettenartikel, also auch den Deo-Roller nicht mit in die Zelle nehmen durfte und immer noch das Hemd vom ersten Tag anhatte. Ein Oberhemd, was in Gefängnissen eher selten getragen wird. Und auch mangels Bügelmöglichkeit eher unpraktisch ist. Seitdem ich denken kann, hatte ich bis dahin jeden Tag meine Oberbekleidung gewechselt. Jeden Tag mindestens ein frisches Hemd. Davon musste ich mich hier wohl verabschieden.

Die zweite Nacht lag ich da im Bett und las mir die Kritzeleien der Vorgänger wieder und wieder durch. Viele müssen öfters hier gewesen sein, schloss ich aus den Inhalten. Viele asozial oder aus anderen Kulturen und asozial oder mindestens vom Leben enttäuscht.

Was mache ich eigentlich hier? In der Zelle natürlich kein Internet und kein Smartphone. Keine Kontaktmöglichkeit mit der Frau oder dem Anwalt. Meine Frau muss jetzt verzweifelt sein, dachte ich. Aber ich konnte es nicht ändern. Ich war mir aber sicher, dass sie aus dem Verwandtenund Freundeskreis so gut wie es geht aufgefangen wird. In Gedanken sandte ich ihr Küsse in der

Hoffnung, dass diese durch die Nacht bei ihr ankamen.

Draußen vor dem Fenster pickten Raben Brot auf, was andere Gefangene wohl durch die Fenster auf den Rasen geworfen hatten. Wenigstens etwas Leben vor dem Fenster. Später in der JVA sollte ich anfangen, mit den Raben zu reden.

Nachts wieder das Herumlamentieren in fremden Sprachen von Fester zu Fenster. Ich zappte nochmal durch die TV-Sender, habe mir Nachrichtensender angeschaut, um den Kontakt zur Außenwelt nicht zu verlieren. Dann wieder den Wecker auf 5.30 Uhr gestellt. „Mich weckt hier keiner, - den Gefallen tue ich denen nicht. Wenn die die Tür aufmachen, sitze ich schon fertig und gewaschen da." habe ich mir gedacht. Und so kam es auch: Der Wecker weckte mich am nächsten Morgen um 5.30 Uhr und ich wusch mir einmal kalt durchs Gesicht und zog wieder mein Hemd vom ersten Tag an. Über die blaue Gefängnisunterwäsche vom Vortag. Machte mich irgendwie zum halben Sträfling. Auch eine Methode der Demoralisierung.

Umzug ins U-Haft-Gebäude

An diesem zweiten Morgen im Gefängnis – noch immer in der Schubabteilung – sollte ich dem einzigen unfreundlichen

Mitarbeiter in der JVA begegnen, mit dem ich während meines Aufenthalts dort in Kontakt kam: Irgendwann zwischen 6 und 7 aus der Erinnerung wurde die Tür wieder von außen aufgerissen und ein Beamter in Uniform teilte mir in Marines-Manier mit, dass ich heute verlegt werde, ich sollte das Bett abziehen und alles, was mir nicht gehörte zusammen packen (Bettzeugs, Fressnapf und die blaue Unterwäsche), in 10 Minuten würde er wieder kommen und dann komme ich in einen neuen Trakt. Ich fragte noch, ob ich – wie am Vortag – duschen könne. Für Duschen wäre keine Zeit, ich soll mich beeilen, war die Ansage.

Als erstes entledigte ich mich der blauen Gefängnis-Unterhose und zog mir wieder meine eigene Unterhose an, die aber auch nicht völlig ungebraucht war. Ebenso mein *einziges* Oberhemd, was man mir gelassen hatte. Ich zog das Bett ab und legte in Bundeswehr-Manier alles ordentlich zusammen. Fast auf DIN A 4 gefaltet. Von der Bundeswehr waren mir noch Vorgesetzte bekannt, die zwar keinen gescheiten Schulabschluss hatten, aber wussten, wie man Gefreite schikaniert: Eine Methode war, das Nicht-Richtig-Glattziehen von Bettwäsche oder Nicht-Richtig-Zusammenlegen von Bettwäsche mit Strafen zu sanktionieren, um so Macht ausüben zu wollen.
Den Gefallen wollte ich hier keinem tun. Ergo wurde das Bett sauberst abgezogen und zusammengelegt, der Tisch abgewischt, der Fressnapf noch einmal ausgespült. Alles in 8 Minuten. Eigentlich rekordverdächtig.

Der Einzige, der nicht kam, war der Wärter. Nach 10 Minuten nicht und auch nach 20 Minuten nicht. Nach 30 Minuten war er immer noch nicht da. Ich dachte mir „Was ein Vollhorst – warum konnte ich jetzt nicht duschen?" Nach ca. 35 Minuten kam er dann und holte alles Anstaltseigentum wie Bettwäsche und JVA-Unterwäsche etc. ab, um mich dann wieder einzusperren... nach weiteren ca. 30 Minuten wurde ich dann abgeholt. Mittlerweile habe ich mir gedacht, der Mann ist gar kein „Vollhorst", die sind nur grottenschlecht organisiert oder aber unterbesetzt. Ich unterstellte gar keine böse Absicht, sondern einfach nur schlechte bis gar keine Organisation, alternativ Personalmangel.

Auf jeden Fall wurde ich dann irgendwann doch abgeholt und wurde von einem Beamten durch unterirdische Verbindungsgänge zu einer Art Kleiderkammer gebracht, wo ich dann meine Sporttasche nochmal sah. Aus dieser durfte ich allerdings nur wenig mitnehmen: Toiletten-Artikel schon mal nicht, das würde ich alles neu bekommen oder darf es mir kaufen, - die Mitnahme eigener Zahnpasta und Zahnbürste war nicht möglich. Wenigstens hatte ich jetzt ein paar T-Shirts und Unterhosen und 2 Oberhemden... und 2 kurze Hosen, aber keine lange, da man beim „Einchecken" ins Gefängnis eine ordentliche Garnitur für Gerichtstermine etc. in der Kleiderkammer hinterlegen muss. Also nahm man mir meine lange Hose ab und hinterlegte diese für Gerichtstermine, ebenso wie ein Hemd..., Schuhe, Socken etc..

Ein Beamter ging mit mir durch Regale und ich bekam Anstaltsklamotten, z.B. Jeans, die aussahen wie unmodische DDR-Ware aus den 60er-Jahren. Total verschnitten. Jeans-Hose und Jeans-Hemd. Beides verschnitten und aus billigem derben Jeansstoff. Die Obdachlosen auf der Kaiser-Joseph-Straße in Freiburg waren modischer angezogen. Ich denke darüber nach, ob Kostengründe die einzige Motivation sind, den Untersuchungshäftlingen solche Kleidung zur Verfügung zu stellen. Oder will man auch demonstrieren, dass man Würde, Stolz und Anspruchsdenken hier ablegen muss und mehrere Stufen unter den Angestellten rangiert, was auch an der Kleidung deutlich werden soll?

JVA-Turnschuhe, Modell „Darf nicht mehr als 10 Euro kosten" erhielt ich ebenfalls. Meinen eigenen Gürtel musste ich abgeben, damit ich mich damit nicht erhänge und erhielt im Gegenzug einen schmaleren Anstaltsgürtel.

Des Weiteren wurde mir eine Bettwäschegarnitur, zwei Wolldecken und ein Schaumstoffkopfkissen ausgehändigt. Dazu noch Essgeschirr, Schüsseln, Schalen, Tasse, alles aus Blech oder Edelstahl. Wobei „Kopfkissen" für das Ding, was ich bekommen habe, eine ziemlich wohlwollende Umschreibung ist. „Kopfunterlegkeil schmal, aus Kunststoff" würde es vermutlich eher treffen. Das Ding ist nicht viel dicker als ein Sitzkissen auf unserem Gartenstuhl zuhause – und das ist eher für den Po als für das Gesicht gedacht.

In der Kleiderkammer sah ich dann noch Regale voller Fernseher und Wasserkocher etc. Das erhielt ich jedoch nicht.

Statt die Sachen alle auf einen Wagen zu legen, wurde alles in den Oberbettbezug gestopft: Anziehsachen, Kopfkissen und Küchengeschirr. Man formte daraus einen hübschen Sack und ich durfte diesen wie Rumpelstilzchen schultern und folgte einem Beamten, der mich zu meinem „Bau" führte, in den ich einquartiert werden sollte. Wohl ein Gebäudeflügel nur für Untersuchungshäftlinge.
Der Beamte führte mich durch einen unterirdischen Gang, wo ich mehrfach tote Kakerlaken auf dem Boden sah, zu „meinem" Gebäudekomplex. Dort führte er mich bis zu einer ersten Gittertür und ließ mich dann alleine mit der Weisung ich solle in den ersten Stock hochlaufen und dann zu meiner Zelle xyz gehen.

Ich ging also in den ersten Stock, was mit dem Rumpelstilzchen-Sack auch nicht so lustig war (der wog ja auch was) und suchte dann eine Zellentür mit meiner Nummer. Fand ich auch. Die war aber zu.
Ich dachte schon: „Mein Gott, bekommen die hier nichts auf die Reihe?", als mich von unten jemand sah (vermutlich auch ein Häftling) und mich aufforderte bis zum Ende des Ganges zu gehen, dort

sei ein Wärter. Ging ich auch, da kam mir schon einer entgegen, der mich freundlich grüßte und mir die Zelle aufschloss. Ich sollte erstmal meine Sachen verstauen und dann zu ihm in sein Büro kommen.

Mein neues Zuhause bestand aus einem Bett, einem Tisch, ein Stuhl, ein Wandregal, ein Schrank, ein Waschbecken und direkt neben der Tür einem Klo. Das Klo war durch einen „Schamvorhang" vom Raum getrennt. Der Vorhang sah so aus, als wenn er schon länger da hing und schon etliche Gerüche aufgenommen hatte. Ich wollte gar nicht darüber nachdenken, wie oft der wohl gewaschen wird.

Aus der Tierschutzverordnung wusste ich, dass Hunden in Zwingerhaltung eine Mindestbodenfläche von 10qm zusteht, wenn die Widerristhöhe größer als 65 cm ist. Ich war mir sicher, dass ich größer als 65 cm war, aber ich war mir unsicher, ob diese Zelle mehr als 10qm aufwies. Dem Gefühl nach eher acht.

Ich legte die Sachen auf mein Bett, welches statt eines Lattenrostes oder einer Federkernmatratze ein *Holzbrett* als Unterlage aufwies und darauf eine dünne Matratze, die die Bezeichnung „Matratze" zu Unrecht trug. Weniger als halb so dick wie übliche Matratzen sonst sind. Dafür mit einer inkontinenz-geeigneten glatten Plastikoberfläche versehen. Latexfreunde hätten ihre Freude daran gehabt.

Alles im Zimmer abgestellt ging ich dann zum Büro des Wärters, wobei ich die Zellentür nicht von außen verschließen konnte. Einen Schlüssel hatte man mir verständlicherweise nicht ausgehändigt. Andere Nachbarzellen hatten außen teilweise ein Vorhängeschloss zusätzlich, - meine Zelle wies diesen Luxus nicht auf. Wenn ich also aus der Zelle rausging, konnte jeder andere in meine Zelle hineinlaufen.

Der Wärter hieß mich herzlich willkommen. Es war ein älterer Herr, den ich schon im Rentenalter vermutete. Er war sehr freundlich und bezeichnete die Insassen als große Glaubensgemeinschaft: Die würden alle glauben, dass sie unschuldig sind. Er machte mir klar, dass er alle Insassen gleichbehandelt, - egal, was jemand gemacht haben soll oder gemacht hat. Ob unschuldig, Kinderschänder oder Mörder. Er bringe allen den gleichen Respekt entgegen und erwartet dies aber auch von den Gefangenen.

Er erklärte mir einige Grundzüge, wann es Essen gibt und wann Hofgang ist und wann man sich bei ihm Post abholen kann. Alles würde über Anträge laufen. **Kein Anliegen ohne schriftlichen Antrag**. Ich fühlte mich ins alte Preußen oder mindestens Bundeswehrzeiten zurückversetzt, wo man für 4 Mignonzellen auch einen Antrag mit 3 Durchschlägen schreiben musste, dessen Verwaltung das Zehnfache der Batteriekosten verursacht hatte.

Ich bewunderte seine Ruhe und Gelassenheit. Er hatte wie alle Wärter keine Waffe, aber einen großen Schlüsselbund an der Hose befestigt.

Er warnte mich noch davor, mit den falschen Leuten im Gefängnis zu paktieren und nicht die falschen Leute etwas zu fragen. Wenn ich eine Frage hätte, sollte ich ihn fragen. Auf keinen Fall sollte ich mich darauf einlassen, dass meine Frau oder mein Anwalt etwas in die Anstalt schmuggelt oder mich auch nur mit den falschen Leuten anzufreunden. Respekt vor anderen führt zu Respekt von anderen erläuterte er mir.

Jeder müsse im Gefängnis seinen Platz finden und es gebe Hierarchien auch im Gefängnis. Wenn ich es ihm einfach machen würde, macht er es mir auch einfach. Er erwartet, wenn er mich zu einem Termin abhole, dass ich dann auch pünktlich fertig bin. Im Gegenzug könne es dann sein, dass eine Zellentür auch schon mal früher aufgeht oder länger aufbleibt.

Er gab mir einen Stoß Antragsformulare, ein paar Blätter Papier, einen Kuli, eine Zahnbürste, einen Billig-Einwegrasierer und Zahnpasta mit und ich durfte wieder auf die Zelle, die er sodann von außen verschloss. Der Einwegrasierer sah etwas weniger zuverlässig aus, als die, die man in Billigläden im 5er-Pack zu unter 1 Euro erhält und ein Garant für Hautverletzungen und nicht-gründliche Rasur sind. Aber das scheint gewollt. Ebenso wie das Fehlen von Rasierschaum oder warmem Wasser. Ein Untersuchungshäftling wird in Deutschland weniger gut versorgt als ein Flüchtling aus einem Dritte-Welt-Staat, das sollte ich schon bald merken.

Dr.Westerwelle

An diesem Tag wurde ich auch noch zum Anstaltsarzt geführt. Dort saß ich erstmal lange auf dem Flur, bevor ich reingerufen wurde und jemand meinen Blutdruck maß und mir Fragen stellte, welche Medikamente ich nehme, welche Vorerkrankungen ich habe etc. Dies war aber wohl noch kein Arzt, eher ein Assistent oder Sanitäter. Meine eigenen Medikamente hatte man mir bei der Einlieferung abgenommen. Eigentlich hätte ich sie gerne weiter genommen, da ich diese zur Senkung des zu hohen Blutdrucks brauchte.

Der Sanitäter fragte mich dann auch nach meinem Hausarzt, - von ihm würde er gerne meine Krankenakte anfordern. „Na prima", dachte ich mir. Der freut sich bestimmt, vom Gefängnisarzt Post zu bekommen, kommt später bestimmt super bei den Arzthelferinnen an. War mir dann aber auch egal. Ich werde das schon später erklären können.

Dann rief mich der Arzt herein, - er machte erst einmal den Eindruck, dass er nicht unter schweren Minderwertigkeitskomplexen leidet. Für mich sah er exakt so aus wie Dr. Guido Westerwelle aus der FDP – incl. Brille und Frisur. Ob er auch keine Freundin, sondern einen Freund hatte, wollte ich aber nicht ergründen. Er wies seinen Assistenten ein paar Mal zurecht und fuhr ihm über den Mund, was ich als unhöflich empfand, war dann aber freundlich zu mir. Er wunderte sich, dass ich Nichtraucher sei und keine Tätowierungen hatte. Das sei im Gefängnis außerordentlich selten. Er freue sich immer über Patienten wie mich. Er habe auch den Betrüger von Flowtex dort gehabt, Manfred Schmider, den verurteilten Millionenbetrüger, mit ihm habe man sich auch immer prima unterhalten können. Ich scherzte ein wenig mit ihm hin und her und hatte den Eindruck, dass er nicht oft Gelegenheit hatte, sich landessprachlich zu unterhalten. Ich dachte noch „Hmmm... den nächsten Patienten erzählt er dann etwas von Dir...", andererseits war es fast so etwas wie Allgemeinwissen, dass Manfred Schmider zeitweise auch in Freiburg im Gefängnis war. Der Arzt hielt die Verschreibungsweise der Medikamente, die mir mein Kardiologe verschrieben hatte, für falsch. Ich sollte die Medikamente anders einnehmen. Ich ersparte mir Hinweise, dass wir den Blutdruck erst umständlich über Langzeitblutdruckmessungen optimal eingestellt hatten und ich die bisherige Methode der medikamentösen Behandlung eigentlich als optimal empfand. Meine Medikamente dürfte ich nicht weiter nehmen, er würde mir wirkstoffgleiche verschreiben, die ich geliefert bekomme. Überhaupt hätte ich freie Heilsfürsorge im Gefängnis. Wenn ich krank sei, solle ich dies morgens bis 7 Uhr melden und dürfe dann an bestimmten Tagen mittags zum Arzt. Alles bezahlt der Staat, meine Frau sollte das der bisherigen Krankenkasse, die ich nicht mehr bräuchte, mitteilen.

Wir schäkerten noch etwas, hatten beide Spaß am Gespräch und ich wurde nach dem Gespräch in einen Warteraum eingesperrt, wo ich später vom einem Wärter abgeholt und rückgeführt wurde. Zurück in die Zelle.

Ich empfand den Arzt als Lichtblick. Endlich mal überhaupt mit jemandem sprechen und das auch noch auf höherem Niveau. Ich erzählte ihm von einer früheren Herzoperation und ich konnte seine nur so von Fachtermini gespickten Fragen umgehend beantworten. Ein bisschen was vom großen Latinum ist doch noch hängen geblieben. Für „sternum“, „Aorta ascendens“ usw. hat es noch gereicht.

Erster richtiger Tag in U-Haft

An diesem ersten „richtigen“ Tag in U-Haft, meinem dritten Tag im Gefängnis gab es folgenden Ablauf:

- 11:45 Uhr Essensausgabe: Die Tür wurde aufgeschlossen, 2 Gefangene kamen mit einem Wagen vor der Tür vorbei und ich musste meine Schalen hinhalten, in die dann das Essen eingefüllt wurde. Es gab Spaghetti Bolognese, allerdings nicht ganz so wie beim Italiener, aber dennoch lecker. Vermutlich mehr Brötchen als Fleisch, aber durchaus essbar und warm war es auch. Nach Erhalt des Essens wurde man eingeschlossen und musste alleine in der Zelle essen und anschließend sein Geschirr im Waschbecken mit kaltem Wasser spülen.
- 14:00 Uhr Die Zellentür wurde aufgeschlossen
- 14.30 Uhr ich ging duschen. Das einzige Mal während der Haftzeit, weil die Dusche eine Viermann-Dusche am Ende des Ganges war, vor der eine Stahltür war und weit und breit kein Aufseher. In dieser Dusche hätten die Mitgefangenem also mit einem machen können, was die wollen. **Ich habe mich dazu entschlossen, während der Haftzeit auf eine Dusche dort zu verzichten.**
- 15:30 Hofgang 1h: Ich habe mich am Anfang dazu entschlossen, daran NICHT teilzunehmen, sondern dies erstmal aus meinem Fenster zu beobachten, um zu analysieren, was dort abläuft, wer mit wem geht. Wer sich wie verhält. Wer sich wohin setzt und welche Hierarchien es

gibt. Das habe ich mir mehrere Tage an-
geguckt. Wer nicht am Hofgang teilnimmt, wird während dieser Zeit in der
Zelle eingeschlossen, womit ich gut leben
konnte
- 16:53 Abendessen wurde hereingereicht:
  Brot (eine Tüte Brotaufschnitt) und Wurst
  und Marmelade für den nächsten Morgen
- 16:55 Uhr: Einschluss bis zum nächsten
  Morgen

Zwischendurch kam noch jemand rein, der
mir einen Eilantrag für Kaffee, Briefmarken und
den Fernseher überreichte. Dies könnte ich als
Neuzugang beantragen ohne auf eine allgemeine
Einkaufsrunde, die wohl nur alle 2 Wochen statt-
fand, warten zu müssen. Antrag natürlich gestellt.
  In meinem Zimmer, wie ich es nannte, war
kein Fernseher, kein Wasserkocher, kein Duschgel
und kein Shampoo. Warme Getränke also Fehlanzeige. Langeweile durch TV zu überbrücken oder
Informationen über das Geschehen außerhalb des
Gefängnisses zu erlangen: Fehlanzeige.

Die Zelle hatte ein Fenster zum Hofgang-Hof. Das
Fenster war allerdings relativ hoch im Raum angebracht, sodass ich *erst auf einen Stuhl steigen
musste, um dann hinaussehen zu können.* Ohne
Stuhl konnte ich den Himmel sehen. Auf dem
Stuhl stehend sah man das Rest-Gefängnis mit seinem sternförmigen Bau, die Berge/Hügel zum
Schlossberg hin, das Sankt-Josefs-Krankenhaus
(oder was ich dafür hielt) und eben den Hof.

Einige andere Gefängniszellen-Fenster eines rechtwinklig angesetzten Baus konnte ich ebenfalls sehen.

Beim Hofgang bemerkte ich einen hohen Ausländeranteil unter den Gefangenen, die sich offensichtlich in bestimmten Gruppen am Hof aufhielten: Russen, Türken, Italiener, Gambier, - alle blieben im Wesentlichen unter sich. Fast alle waren tätowiert. Einige Muskelpakete, aber auch viele Hänflinge und normal gebaute Männer. Bei jedem Hofgang führten 2 Wärter über mehrere Dutzend Gefangene Aufsicht, die aber naturgemäß nicht alles wahrnehmen konnten, was sich auf dem gesamten Hof abspielt.

Ich bemerkte schon das Machtgehabe einiger Gefangener beim Hofgang: Es gab nur zwei Bänke für ca. 50 bis 100 Gefangene. Wenn sich bestimmte Gefangene setzen wollten, standen einige freiwillig auf und machten Platz, andere nicht. Beim Rundgang gab es offensichtlich eine bestimmte Hierarchie, wer wem auszuweichen hat.

Da das Konfliktpotential mir in solchen Einrichtungen sehr hoch erschien, legte ich mir eine Strategie zurecht, wie ich mich beim ersten Hofgang zu verhalten hatte. Es musste eine Mischung aus „Ihr seid mir alle egal, ich habe keine Angst vor Euch. Ich lass Euch in Ruhe, also lasst ihr mich in Ruhe" und „Ich bin auch wer. Hier bin ich. Ich weiche Dir nicht aus." sein. Die richtige Mischung aus Zurückhaltung, Entschlossenheit und Stärke sollte entscheidend sein. Gelang mir dann später auch.

Sozialdienst-Dame

Irgendwann ging auch mal die Tür auf und eine Dame stand in der Tür. Ich möge sie doch begleiten. Wie sich herausstellte, so etwas wie ein Sozialdienst. Sie machte mich darauf aufmerksam, dass meine Frau dort angerufen hatte und sich für mich einsetzte, ob ich denn dieses und jenes hätte…meine Frau hätte Angst, dass ich mir etwas antue. Sie fragte mich, ob ich das tun würde und mit dem Anstaltspsychologen sprechen möchte. Ich sagte ihr, wenn der Psychologe ein Problem hat, kann er gerne zu mir kommen. Ich werde versuchen, ihm zu helfen. Sie hat daraus geschlossen, dass ich nicht suizidgefährdet bin und bat mich, meiner Frau auszurichten, dass sie das nie wieder sagen soll, weil ich sonst in eine Mehrpersonenzelle komme, damit ich mich nicht unbeobachtet umbringe. Darauf hatte ich überhaupt keine Lust. Ich hatte eine Einzelzelle und das sollte auch so bleiben.
Sie erklärte mir, dass ich die Einzelzelle bekommen habe, weil ich Nichtraucher sei und diese sollten nach Möglichkeit nicht mit Rauchern in eine Zelle gesperrt werden, weil die Raucher auch in den Zellen rauchen würden. Ich war gottfroh, dass ich Nichtraucher war.
Die Dame erklärte mir noch Einiges, was ich nicht wusste und mir bislang keiner erklärt hatte. Ich erlaubte mir, zu erwähnen, dass ich in meinem

Leben noch nie etwas gesehen habe, was so schlecht organisiert sei wie dieses Gefängnis. Ein Schloss, um meine Zelle bei Verlassen von außen zu verschließen, hatte ich bis dahin immer noch nicht. Sie meinte, das könnte gar nicht sein, ich sollte mich bei Herrn R., dem Leiter der U-Haft melden. Ich sagte ihr dann, dass ich weder einen Herr R. kenne, noch wisse, wo dieser sein Büro hat. Im Ergebnis hat mich dieser Herr irgendwann nach dem Gespräch mit der Sozialarbeiterin aufgesucht und mir ein Vorhängeschloss ausgehändigt. Von da an konnte ich meine Zelle, wenn sie denn aufgeschlossen wurde, verlassen und von außen das Vorhängeschloss anbringen. Es sollte aber noch etwas dauern. Dies hatte den Vorteil, dass ich keine Angst haben musste, dass irgendeiner der dort auch einsitzenden Drogenabhängigen mir meine Unterhosen, Kaffee oder sonst was klaut oder mir aber etwas in die Zelle schmuggelt, was mich ungerechtfertigt belastet.

Die Dame war sehr freundlich, hatte offensichtlich nach dem Gespräch den Leiter des Trakts informiert und sich für mich eingesetzt. Sie hat mir aber auch klargemacht, dass dies ein Gefängnis ist und alles seine Zeit braucht. Für mich würde dort nichts beschleunigt. Es dauert eben. Wieder wurde mir klar: Ich bin nicht in einem privatwirtschaftlichen Unternehmen und auch nicht deren Unternehmensberater. An effizienten Prozessen ist hier niemand interessiert. Das sollte ich noch häufiger zu spüren bekommen.

4.Tag in U-Haft

Ich kannte ja nun den Tagesablauf für Werktage und konnte mich darauf einstellen. Ich stellte mir wieder den Wecker auf 6 Uhr, da ich wusste, dass um 6.50 Uhr „Wecken" war, eine sogenannte Lebend-Kontrolle: Es macht jemand die Tür auf und guckt nach, ob man noch da ist und lebt... Da ich aber keine Lust hatte, von Wärtern geweckt zu werden oder beim Klogang überrascht zu werden, stellte ich mir regelmäßig den Wecker auf ca. 1h vor dem vermuteten amtlichen Weckvorgang, um dann die Morgentoilette zu erledigen und beim Aufschluss bereits rasiert, gewaschen und angezogen am Tisch zu sitzen. Auch so unterscheidet man sich von anderen Häftlingen, die beim Weckvorgang noch im Bett liegen und „lass mich" rufen...

- 6.00 Uhr: Aufstehen, Morgentoilette
- 6.50 Uhr: Wecken, Türöffnung, wird kurz danach wieder verschlossen
- 9.00 Uhr: Das erste Mal kommt der Rechtsanwalt in die JVA. Ich werde abgeholt und in den Besuchertrakt geführt, wo ich in einem Besprechungszimmer mit dem Anwalt sprechen darf. Mein eigentlicher Anwalt ist noch in Frankreich im Urlaub, seine Vertretung nimmt eine erste Besprechung mit mir vor. Meine Frau sitzt dabei draußen im Wagen, darf mich aber nicht sehen, noch nicht einmal durch ein Fenster. Der Wärter, der mich aus der

Zelle zum Rechtsanwalt bringt, moniert freundlich, dass ich eine kurze Hose trage. Es ist Sommer, aber das Tragen von kurzen Hosen ist in den Büros und damit auch dem Besucherbereich verboten. Das wusste ich aber nicht, da mir auch niemand eine Hausordnung vorgelegt hat. Ergo konnte ich sie auch nicht einhalten. Ich versprach, das nächste Mal eine lange Hose anzuziehen. Ich hatte ja noch die Anstaltsjeans, Modell „Ostblock". Die Anwälte haben einen Termin zur Haftprüfung beantragt. Erfahrungsgemäß müsse man aber in die nächste Instanz – zum Landgericht, bevor sich etwas tut.

Mein Anwalt darf mir Ritter-Sport-Schokolade aus dem Vorraum mitbringen. 5 Tafeln, die nur 2 Tage halten sollten.

11:39 Uhr: Ein Bediensteter bringt mir die am Vortag beantragten Briefmarken und den Kaffee, irgendein Instantkaffee, Modell „Nescafe für Arme". Allerdings habe ich kein heißes Wasser, um mir diesen zuzubereiten. Wasserkocher immer noch Fehlanzeige. Aus dem Hahn über dem Waschbecken im Zimmer kommt nur kaltes Wasser. Gerne auch eiskalt. Ich probiere es aus: Aber der Kaffee löst sich darin nicht auf. Jetzt habe ich eine Packung Kaffee, kann aber damit nichts anfangen.

- 11:50 Uhr: Mittagessen wird hereingereicht: Fisch, den man sogar essen kann.

- 14:30 Uhr: Aufschluss: Die Tür wird aufgeschlossen und ich frage im Büro des Stockwerksbeamten nach, wann denn meine Medikamente kommen. „Die liegen doch hier" kommt als Antwort, - sie werden mir übergeben. Auf die Idee, mich darüber zu informieren, ist niemand gekommen. Macht ja nichts. Ich möchte einen Wasserkocher bestellen, das geht aber nicht, da die Gefängnisverwaltung es innerhalb von 4 Tagen noch nicht geschafft hat, mein Geld, welches ich bei der Einlieferung abgegeben hatte, zu verbuchen. Ich lege die Quittung dafür vor, die ich erhalten habe, aber auf dem Konto wäre kein Geld, ergo kann ich auch keinen Wasserkocher bestellen. Wird wohl nichts mit warmen Kaffee oder auch nur warmem Spülwasser. Da ein Haftprüfungstermin angesetzt wurde und ich dafür zum Gericht gefahren werde, fragte ich, wo ich zum Friseur kann. Ich würde vor Gericht gerne ordentlich aussehen. Alle paar Wochen käme ein Friseur…wann genau wisse der Beamte nicht… ich könnte aber schriftlich einen Friseurtermin beantragen, muss dies aber begründen. Ich beantrage schriftlich einen Friseurtermin, was Heiterkeit hervorruft.
- Ich gehe wieder auf mein Zimmer und ziehe die Tür zu, da ansonsten alle Nase lang Leute vorbeilaufen und reinglotzen. Da habe ich keine Lust drauf. Ebenso

wenig Lust habe ich auf Duschen, was man von 14.30 Uhr bis 15.30 Uhr machen könnte. Aber es gibt nur 4 Duschen für die ganze Etage, die Dusche hat die maximal mögliche Entfernung zum Wärterzimmer (Stockwerksbeamten-Büro): Er würde es dort also nicht hören, wenn jemand da drinnen schreit. Auf dieses Risiko verzichte ich.

- 15:30 Uhr: Hofgang beginnt, an dem ich wieder nicht teilnehme. Daher werde ich eingeschlossen. Ich schaue mir das ganze aus dem Fenster an und analysiere noch, wer mit wem paktiert und wer wen mobbt. Erschrocken sehe ich, wie einige afrikanische Häftlinge Zigarettenkippen vom Boden auflesen und sich diese wieder anzünden und den Stummel rauchen. Kippen, wo vielleicht schon eine Taube drauf gekackt hat. Der Suchtdruck muss groß sein.

- Einige Gefangene drehen sich auf dem Hof eigene Zigaretten aus Tabak. Das scheint preiswerter zu sein als fertig gekaufte Zigaretten.

- 16:30 Uhr: Der Hofgang ist zu Ende, meine Zimmertür wird aufgeschlossen.

- 16:50 Uhr: Essen wird verteilt: Es gibt wieder Brot und Wurst und zwei Packungen Marmelade, damit ich am nächsten Morgen auch das Frühstück schon habe. Abends wird also immer das Essen für den Abend und das für den Morgen ausgegeben. Wobei für morgens im Wesentlichen immer nur Konfitüre angedacht ist.

- 16:59 Uhr: Einschluss. Bis zum Frühstück wird nichts mehr passieren. Kein TV, kein Radio, keine Zeitung, kein Kontakt zu meiner Frau.

Viel Zeit nachzudenken. Da ich nicht am Hofgang teilgenommen habe, beschließe ich, an jedem Tag, wo ich das nicht tue, dennoch 1000 Schritte in der Zelle hin und her zu laufen. Da die Zelle nur gefühlte 2x4m groß ist, hat das Ähnlichkeit mit einem Tiger, der im Käfig hin und herläuft. Immer wieder von der Tür zum Fenster und wieder zurück. Mal rechts herum, mal links herum und alle zwei Schritte leise mitzählen, damit ich auch auf 1000 Schritte komme. Die Muskeln sollen nicht verkümmern. Ich kann nachvollziehen, dass Tiger im Zoo im Käfig über kurz oder lang „einen an der Klatsche bekommen".

Die Macht der Vorstellungskraft

Ich stelle mich auf den Stuhl und schaue raus. Der Hof ist leer. Die Sonne scheint, der Himmel ist blau, die Berge am Horizont grün, davor der JVA-Bau. Architektonisch eigentlich ein schöner Bau, denke ich.

Ich bedanke mich beim lieben Gott, dass ich in dieser schönen Stadt Freiburg wohnen darf. Dass er die Erde so schön gestaltet hat. Ich finde die Harmonie der Natur, die Berge mit dem Himmel schön. Vögel fliegen hoch am Himmel, draußen ist es warm. Eigentlich ein schöner Tag. Das Gitter vor dem Fenster blende ich aus. Entweder stelle ich mich so nah davor, dass ich es wirklich kaum sehe oder blende es auch aus dem Bett liegend aus. Ich sehe den blauen Himmel und stelle mir vor, ich würde in Formentera am Strand liegen, das Meer rauscht, es ist warm und die Sonne scheint.

Leiden unter dem Eingesperrtsein tut man nur, wenn man sich die Situation immer wieder vergegenwärtigt und das Fremdbestimmtsein als störend wahrnimmt. Wenn man versucht, auszubrechen und dagegen ankämpft. Nein, habe ich mir gesagt. Mit mir nicht. Ich werde daran nicht kaputtgehen. Irgendwann komme ich ohnehin raus und bis dahin werde ich einen Modus finden, das zu überleben.

Ich stellte mir vor, mein Zimmer wäre ein Raum in einem Kloster, welches minimalistisch ausgestaltet wurde, damit man sich auf die wesentlichen Dinge konzentriert. Karg halt.

Ich legte mich bewusst so aufs Bett, dass ich nicht ständig auf die verschlossene Stahltür ohne Klinke schaue, die nur von außen zu öffnen war, sondern so, dass ich aus dem Fenster den Himmel betrachten konnte: Mensch, was für ein schönes Wetter. Augen zu und Strand von Formentera vorstellen. Es ging. Und half. Andere Insassen hauten mit dem Kochgeschirr vor das Gitter oder traten vor die Tür, wurden wahnsinnig oder fingen an zu schreien. Gerne auch nachts. Wenn man mit dem Kopf in einem Klosterzimmer ist, erspart man sich das. Back to the basics. Die freie Zeit genießen. Man hat keine Verpflichtungen: Kann auf dem Bett liegen, niemand will etwas von einem.

Am Fenster stehend denke ich oft: Meine Frau ist da draußen, vielleicht irgendwo vor der Mauer. Ich schließe die Augen und denke ganz fest an Sie. Schicke ihr Küsse und spreche leise aus „Ich liebe Dich. Halt durch. Uns trennt niemand." Ich sollte später erfahren, dass Sie in der Tat abends oft zum Gefängnis gegangen ist und drumherum spazieren ging, um mir nahe zu sein. Das ist Liebe. Oder Verzweiflung. Oder beides.

Hirnis und andere Schreihälse

Die Abende liefen immer gleich ab: Essen wurde verteilt, Zellen alle verschlossen und dann hörte man aus den anderen Fenstern Musik oder Fernsehen. Einige hatten CD-Spieler, andere den Fernseher. Und dann, wenn man schlafen wollte, unterhielten sich die anderen mehr oder weniger schreiend von Fenster zu Fenster. Diejenigen, die sich dabei unterhalten haben, konnten sich in der Regel nicht sehen, haben sich aber an der Stimme erkannt. Da dabei gerne auch mal Distanzen von 10 oder 20 Metern überbrückt werden mussten, wurde in der Regel eher geschrien oder gerufen als gesprochen. Ob man wollte oder nicht: Man musste es mit anhören.

Unterhaltungen in fremder Sprache konnte man nur bedingt folgen, allerdings war die Aggressivität auch aus solchen Unterhaltungen herauszuhören, ebenso wie das Heitere, wenn es denn so etwas gab.

Deutsche Unterhaltungen beinhalteten in der Regel in 60 Sekunden mindestens einmal „Hurensohn" oder „Bastard", zwei offensichtlich gebräuchliche Bezeichnungen, die zum Standard im Gefängnis gehören. Als wenn die Gefangenen niemand hören könnte, wurde über die Fenster offen angekündigt, dass jemand am nächsten Tag so richtig verprügelt werden würde, wenn er dieses oder jenes nochmal tut. „Dem reiße ich die Eier ab" war noch eine der freundlicheren Ankündigungen.

Einige schwarze Gefangene machten sich unbeliebt, weil sie ihre Musik sehr laut stellten, gerne auch nach Mitternacht und den CD-Player dann mit den Lautsprechern ins Fenster, damit der Genuss für die anderen grösser ist. Bis dann ein Wärter kam, konnte schon mal eine Stunde vergehen. Die Strafe für so etwas war dann 2 Tage Sonderzelle im Keller ohne jeglichen Komfort, nur im OP-Nachthemd. So wurde es zumindest berichtet. Ohne CD-Player, ohne Fernseher. Hat denen aber nicht so viel ausgemacht, weil sich solche Vorfälle wiederholten. Einer zündete auch mal seine Zelle an. Ins Gefängnis stecken kann man die dafür nicht. Sie sind schon drin. Was will man da noch machen? Geld kann man denen nicht abnehmen, die haben keines. Im Prinzip arme Schlucker. Später sollte ich auch hören, dass aus dieser Gefangengruppe der Nordafrikaner überdurchschnittlich häufig das Beschmieren der Wände mit Kot oder das Anzünden von Zellen zu verzeichnen war. Andere Länder, andere Sitten. Es zeigt auch, wie groß die Verzweiflung dieser Menschen ist und wie wenig integriert ein Teil dieser Gruppe ist.

Über die Fenster wurde sich auch lustig über die Drogenabhängigen gemacht, die Junkies, die morgens immer ihr Methadon o.ä. bekommen haben. Oder es wurden Rechtstipps ausgetauscht. Manchmal konnte man noch was lernen. Die meisten Drogenabhängigen in der JVA können einem leidtun. Sie bekommen jeden Morgen eine Ersatzdroge und werden nur weggesperrt, ohne eine ausreichende Therapie zu bekommen. Nur wenige schaffen es, in der Haft davon los zu kommen. Ich werde jeden Tag dankbarer, dass meine Eltern mich so aufgezogen haben, dass ich nie in eine solche Abhängigkeit geraten bin. Kein Alkohol, keine Zigaretten und keine sonstigen Drogen.

Da man jeden zweiten Tag eine Tüte Brot bekam, die man im Prinzip gar nicht ganz aufessen konnte, haben einige Gefangene das Brot dann in Stückchen durch die Fenster auf den Hof geschmissen, zum Tauben füttern. Abends kamen dann regelmäßig Raben und Tauben und fraßen das auf. Ich fand das unhygienisch. Tauben übertragen so viele Krankheiten, aber das Wissen war bei den Gefangenen wohl nicht so ausgeprägt. Oder es war ihnen schlichtweg egal. Sie wollten nur etwas Lebendiges sehen. Und wenn es Tauben waren.

Vor 24 Uhr war es bei geöffnetem Fenster in der Regel schwierig einzuschlafen, da draußen immer herumgeschrien wurde. Gerne wurde auch das laufende Fernsehprogramm kommentiert.

5.Tag in U-Haft (Samstag)

Am Wochenende ist es für die Gefangenen noch langweiliger. Es passiert weniger. Einziger Vorteil: Man darf länger schlafen. Aber ist das ein Vorteil in so einem Trakt? **Im Prinzip ist die Zeit in einem Gefängnis einfach nur sinnlos vergeudete Zeit, <u>die das einzige Ziel, die Resozialisierung, *vollkommen verfehlt.*</u>** Es ist einfach nur vergeudete Lebenszeit. Zeit, in der ich keine Steuern zahlen kann, sondern den Staat nur Geld koste. Zeit, in der man für etwaige Gläubiger draußen auch kein Geld erwirtschaften kann, - also auch für solche Leute sinnlos.

- 08:05 Uhr: Wecken (kurz Tür auf und wieder zu)
- 11:20 Uhr: Mittagessen (Suppe) wird verteilt: Tür kurz auf und wieder zu

- 13:30 Uhr: Tür auf zum Hofgang. Da ich nicht teilnehme, werde ich wieder eingeschlossen
- 14:30 Uhr: Hofgang ist zu Ende, alle kommen wieder rein, meine Tür wird aufgeschlossen
- 15:05 Uhr: Abendessen und die Marmelade für das nächste Frühstück wird verteilt und zu die Tür…

Ich verspüre ein Kratzen im Hals, eine Erkältung scheint sich anzukündigen. Hmmm… zuhause würde man jetzt Tee mit Honig trinken oder ein Kopfdampfbad nehmen oder nur Vitamin C mit Zink schlucken oder wenigstens Halsbonbons lutschen. In meinem Zimmer gibt es aber keine Hausapotheke, keinen Tee, keinen Honig und auch kein Vitamin C. Pech gehabt. Immer noch kein Fernseher in Sicht. *Einen Fernseher aus dem Keller, wo zahlreiche herumstehen, in den ersten Stock zu befördern, scheint organisatorisch eine größere Herausforderung für die Bediensteten zu sein.* Gefangene aus Afrika, Messerstecher aus der Türkei und deutsche Rauschgifthändler in den Nachbarzellen haben einen Fernseher, ich leider nicht.

Ich denke darüber nach, warum Asylanten in Flüchtlingsheimen in Deutschland fließend warmes Wasser und einen Fernseher in den Zimmern haben, - ich als Deutscher in Untersuchungshaft aber nicht. Auch haben die eine gescheite Matratze und nicht so einen Plastikwulst auf einem

Holzbrett. Wenn ich hier rauskomme, werde ich das einmal hinterfragen. Mir ist klar, dass ein Gefängnis kein 5-Sterne-Hotel ist, aber bei Untersuchungshaft handelt es sich ja häufig um eine Inhaftnahme von bislang unbescholtenen Bürgern, die noch für keine Straftat bestraft worden sind, - sondern es wird erstmal ermittelt. Dennoch hält man sie in schlechteren Zuständen gefangen als man einem afghanischen Flüchtling zumutet. Ich hätte auch gerne warmes Wasser zum Waschen. So wie die Flüchtlinge in Deutschland. Ob ich da mal an den Justizminister in Baden-Württemberg schreiben sollte?

6.Tag in U-Haft (Sonntag)

Der Sonntag fängt wieder mit strahlendem Sonnenschein an. Ich denke „Was ein schöner Tag" und bedanke mich beim lieben Gott, dass er bislang immer gut auf mich aufgepasst hat und die Natur so schön gestaltet hat. Ob er mich gehört hat, weiß ich nicht. Wenn es ihn gibt, dann sicherlich. Ansonsten:

- 08:07 Uhr: Wecken (Tür auf und zu)
- 08:30 Uhr: Ich entschließe mich dazu, die Haare zu waschen, den Körper natürlich auch. Mit kaltem Wasser. Anderes ist ja nicht da. Und dem Stück Seife (Kernseife), was man mir zur Verfügung

gestellt hat. Zum Haare waschen nur bedingt geeignet. Aber besser als die Haare nicht zu waschen.

- 11:32 Uhr: Essensausgabe (Tür auf und wieder zu): Es gibt Schweinebraten mit Knödel und Rotkohl. Na, das schmeckt sogar. Da sag noch einer, das Essen im Gefängnis wäre schlecht.
- 11:50 Uhr: Ich wasche meine Unterhosen mit der vorhandenen Seife und dem vorhandenen kalten Wasser. Nur bedingt antibakteriell, nur bedingt optimal-hygienisch, aber besser als noch weitere Tage in dieselbe Unterwäsche zu pupsen. Ich merke, wie die T-Shirts anfangen zu riechen. Einen Deo-Roller habe ich bisher nicht. Weder durfte ich meinen mitgebrachten mit in die Zelle nehmen, noch konnte ich einen kaufen. Wie denken die sich das?
- 13:30 Uhr: Hofgang 1h, ohne mich, daher bleibe ich im verschlossenen Zimmer. Der Beamte versucht mich zu animieren, ich möchte aber nicht.
- 14:30 Uhr: Hofgang Ende: Meine Tür wird aufgeschlossen
- 15:03 Uhr Essen wird ausgegeben: Brot, Aufschnitt und Marmelade, Tür wird zugesperrt.
Zugesperrt bis zum nächsten Morgen.

Die Zeit vom sonntäglichen Einschluss bis zum nächsten Morgen ist besonders lang.

Wirkt zumindest so. Rechnerisch ist man ca. 16h eingesperrt. Am Stück: Von ca. 15 Uhr bis ca. 7 Uhr am nächsten Morgen. Man darf nicht darüber nachdenken. Also auf das Bett legen und in den blauen Himmel gucken, sich über die Natur freuen. Über Gott und die Welt nachdenken. Sich an die schönen Stunden mit der Tochter oder der Frau zurückerinnern. Oder auch mal weinen, dass man jetzt nicht bei ihnen sein kann. Nicht bei der Tochter, nicht bei der Frau. Aber nicht darüber weinen, dass man eingeschlossen ist. Das nehme ich gar nicht zur Kenntnis. Im Gegenteil: Dadurch, dass ich mich beim Hofgang bewusst dafür entscheide, lieber eingeschlossen zu werden, demonstriere ich denen, dass das für mich nicht so schlimm ist und ich gut damit leben kann. Wenn man sich das lange genug einredet, glaubt man es zum Schluss auch selber.

Immer noch kein TV und kein Wasserkocher. Schade eigentlich.

7.Tag in U-Haft (Montag)

Die Woche fängt wieder an. Jeden Tag bin ich bisher die 1000 Schritte in der Zelle wie ein Tiger auf und abgelaufen, damit ich nicht Muskelschwund bekomme. Zwischendurch immer wieder auf den

Stuhl ans Fenster gestellt, um möglichst viel frische Luft zu atmen und die Natur anzuschauen. Am Horizont sieht man die Windräder, die auf Bergen rund um Freiburg stehen. Morgens sieht man die Raben, die auf Antennen sitzen. Wie die da wohl das Gleichgewicht halten?

- 06:47 Uhr: Wecken und Tür auf
- 7:00 Uhr: Ich hole mir Briefpapier beim Stockwerksbeamten und schreibe meiner Tochter einen Brief. Briefmarken habe ich ja jetzt. Jeder ausgehende Brief kommt in einen Umschlag an die Staatsanwaltschaft, die ihn erst gegenliest und dann weiterbefördert, wenn sie keine Einwände hat. Einen Brief an meine Tochter, zu der ich laut Haftbefehl keinen ausreichenden Kontakt habe. Das Gegenteil war der Fall: Noch kurz vorher war ich noch bei Ihr zu Besuch. Sie lebt bei der Ex-Frau ein paar hundert Kilometer weiter weg. Ob sie wohl alt genug ist, das zu verstehen. Zum Zeitpunkt der Verhaftung war sie im Urlaub in Spanien und hat sogar eine Bestätigung geschrieben, dass sie nie im Leben vorhatte, für ein Jahr nach Mexico zu gehen, wie es im Haftbefehl – *frei erfunden* – aufgeführt wurde. Warum sollte sie auch? Sie studiert in Deutschland.
- 07:10 Uhr: Die Tür wird wieder abgeschlossen, ich schreibe den Brief an meine Tochter weiter und stelle anschließend einen schriftlichen Antrag, dass ich gerne

auch – wie für alle Gefangenen vorgesehen – Spülmittel und Shampoo haben möchte. Bis dato hatte ich es nicht. Nur ein Stück Seite, was an Kernseife erinnerte. Essgeschirr mit kaltem Wasser abwaschen geht, Haare waschen mit Seife auch. Aber im 21.Jahrhundert und Mitteleuropa hat sich der Gebrauch von Shampoo und Spülmittel eigentlich durchgesetzt und als nützlich erwiesen, - daher zählen die beiden Mittel auch zur Erstausstattung, die eigentlich jeder Gefangene erhalten soll. Hat man bei mir aber vergessen. Da waren sie wieder: die Organisationsmängel. Einen Fön zum Haare trocknen gibt es in der JVA natürlich auch nicht.

- Im Laufe des Vormittags kommt ein Wärter herein und teilt mir mit, dass der Friseurtermin für mich erst in ca. 14 Tagen stattfinden könne – **nach** einem vorgesehenen Haftprüfungstermin. Habe ich da ein süffisantes Lächeln des Wärters entdeckt?

- 11:55 Uhr: Mittagessen: Es gibt Frühlingsrolle, Reis und Salat. Eigentlich lecker. Bis auf die Salatsauce: Jeden Tag dieselbe, weiße Salatsauce mit kleinen Zwiebelstückchen deckt sich nicht mit meiner Vorstellung von Abwechslung. Das Herunterspülen von Speiseresten in der zelleneigenen Toilette ist übrigens verboten. Wegen der Anziehungskraft für

Ratten im Kanalsystem. In ganz Freiburg wird wohl nirgendwo so viel Essen durch die Toilette in die Kanalisation gejagt wie durch die JVA-Insassen. Vor Jahren soll es auch massive Probleme mit Ratten in den Rohren gegeben haben, erzählt ein Wärter beiläufig. Seitdem schaue ich immer erst ins Klo, bevor ich mich daraufsetze und hoffe, dass nichts von unten hochkommt. Im ersten Stock scheine ich aber sicher zu sein. Aktuell ist es wohl eher eine Plage an Kakerlaken, mit der man kämpft. Im Wesentlichen in den Kellerräumen.

- 14:20 Uhr: Die Zellentür wird aufgeschlossen. Ich gebe meine Post an meine Tochter beim Stockwerksbeamten ab, dito meinen Antrag auf Spülmittel und Shampoo (irgendwie peinlich) und ziehe mich auf mein Zimmer zurück. Ziehe die Tür zu. Will die anderen nicht sehen. Die laufen vor der Tür auf und ab, putzen ihre Zellen und unterhalten sich auf dem Gang. Viele komische Typen, einige, die nett erscheinen. Einige, die auf dem schmalen Gang vor den Zellen nicht ausweichen wollen, wenn man entgegenkommt. Ein lustiges Machtspiel: Wer weicht wem aus? Wer schaut wem wie lange in die Augen? Wer ist selbstsicher und geht aufrecht? Wer schaut nach unten und zeigt Schwäche? Schwache gehen im Knast unter. Werden ausgenutzt und gemobbt. Im schlimmsten Fall auch geschlagen. Ich merke, wie mich einige wie einen Außerirdischen anschauen. Irgendwie passe ich nicht hierhin. Denke ich und denken die anderen. Ich kann es sehen. Ich begegne denen mit ausgesuchter Höflichkeit, aufrechtem Gang und Bestimmtheit. Drogenabhängige lasse ich vor, die sind eh arme Schlucker und unter Suchtdruck, wenn die morgens ihre Ersatzdroge im Wärterzimmer abholen. Da macht es keinen Sinn mit „Ich war vor Ihnen hier" zu argumentieren. Vorlassen und gut ist es. Im Knast hat man ja alle Zeit der Welt. Da kann man auch mal einen Junkie vorlassen. Allerdings sollte man die anderen nicht dauernd vorlassen, sonst wird man als Weichei eingestuft und gemobbt. Höflich, aber bestimmt ist die Devise. Schwäche zeigen ist hier ein Fehler. Die Insassen hier sind zumeist keine Meister der Diskussion und Problemlösungskompetenz, sondern sind es gewohnt, Probleme mit Gewalt zu lösen. Wer fester hauen kann, ist im Recht. Da ich in dieser Disziplin nicht punkten kann oder möchte, gilt es, es erst gar nicht so weit kommen zu lassen.

- 15:26 bis 16:30 Uhr: Hofgang: Ich lasse mich wieder in mein Zimmerchen einschließen. Lege mich aufs Bett und denke nach. Ab und zu schaue ich aus dem Fenster und sehe, wie die Gefangenen im Kreis herumlaufen. Hat so ein bisschen was von Eisbären im Zoo, die in einem viel zu kleinen Gehege hin und her laufen. Standard-Kleidung ist der Jogging-Anzug, so hieß das zumindest in meiner Jugend. Im Jogging-Anzug bringe ich aber noch nicht mal meinen Müll runter. Es gibt Sachen, die mache ich einfach nicht: Ich gehe nicht mit fettigen Haaren auf die Straße, ich trage keine Muskelshirts, stecke keine Polyesterpullover in die Hose und trage – außer zum Sport – auch keinen Jogginganzug. Zumindest nicht auf der Straße. Da kann Madonna oder irgendein Rapper vormachen, was er will. Ich nicht. Auch nicht hier.

- 16:30 Uhr: Meine Zelle wird aufgeschlossen. Ich ziehe die Tür wieder zu. Das sollte mich für die andern verdächtig machen, erfahre ich später.
- 16:55 Uhr: Essen wird ausgegeben und die Tür wieder abgeschlossen. Die 14 Stunden der verschlossenen Tür bis zum nächsten Morgen können beginnen.

8. Tag in U-Haft (Dienstag)

Heute hat es die Anstalt tatsächlich geschafft – nach nur 8 Tagen Bearbeitungszeit – meine Geldabgabe vom ersten Tag zu verbuchen. Bzw. es mir mitzuteilen. Echt flotte Jungs hier. Wer auch immer für die

Organisation hier zuständig ist: An Optimierungspotential ist reichlich vorhanden. Aber man
scheint es gar nicht optimieren zu wollen. Die
meisten sind eh länger hier, da machen dann 8 o-
der 14 Tage am Anfang auch nicht so viel aus.
Fast wie bei Österreichern, die denken auch in
Jahrtausenden, erzählt man sich humoresk in
Wien.

06:47 Uhr: Wecken und Aufschluss
07:02 Uhr: Einschluss
11:47 Uhr: Essen (Nudeln und Salat)
14:30 Uhr: Aufschluss: Ich erhalte im Büro Post
von meiner Frau, die sich der Beamte noch einmal
kurz durchsieht (obwohl das die Staatsanwaltschaft vorher schon gemacht hat, da alle Ein-
gangspost (außer Anwaltspost und wenige Aus-
nahmen) vorher von ihr kontrolliert wird. Des
Weiteren erhalte ich einen Anstaltsausweis, ich
nenne sie kurz „Clubkarte", was freundlicher
klingt. Ich habe sie im Folgenden nie gebraucht.
Für nichts. Auch erhalte ich eine Einzahlquittung:
Den Beleg dafür, dass mein Geld, was ich vor 8
Tagen eingezahlt habe, auch verbucht worden ist.
Der Beamte teilt mir mit, dass mir das das Recht
verleiht, am kommenden Samstag aus einer Bestell-Liste etwas zu bestellen. Eine solche Liste
hatte er aber nicht für mich, noch nicht einmal
eine Kopie einer solchen Liste aus früheren Aktio-
nen, um mir einen Eindruck zu vermitteln, was
man überhaupt im Gefängnis alles bestellen kann.
Womit wir wieder bei Organisationsmängeln wären. Auf jeden Fall könnte ich Samstag etwas

bestellen, was dann die Woche darauf Samstag geliefert werden würde. Hmmmm, dachte ich, …bin ich dann überhaupt noch hier? Ich wollte ja nicht im Gefängnis überwintern, sondern betrachtete meine Inhaftierung als Irrtum, bestenfalls als Überreaktion oder persönlichen Rachefeldzug eines Polizisten.

15:30-16:30 Uhr: Keine Teilnahme am Hofgang, daher eingeschlossen in der Zelle

16:30 Uhr: Aufschluss

16:56 Uhr: Essensausgabe und Einschluss

Ich bin jetzt stolzer Besitzer einer JVA-Clubkarte. Hübsch laminiert. Was ich damit soll, erschließt sich mir nicht. Ich soll sie immer bei mir tragen. Ein Chip ist nicht darauf. Einfach ein Stück Papier, einlaminiert.

Einen Fernseher habe ich am 8. Tag in Haft ebenso wenig wie einen Wasserkocher. Es stehen davon reichlich im Keller zum Verleihen. Ein holländischer Unternehmer stellt diese im Gefängnis zum Verleih an die Gefangenen zur Verfügung und verdient sich damit dumm und dämlich, erzählte mir ein Wärter. Der Holländer fahre immer mit einem dicken Mercedes vor. Ich kann das nicht überprüfen. Ich kann es nur nicht verstehen, was so schwierig daran ist, mir so ein Ding in das Zimmer zu stellen. In nahezu allen anderen Zellen steht ja auch so ein Ding. Wahnsinnig macht mich das allerdings nicht. Ich kann es nur nicht verstehen. Ich wundere mich über so viel Desorganisation.

9.Tag in U-Haft (Mittwoch)

Heute wird es abwechslungsreich. Meine Frau und ich sorgen für etwas Bewegung im Anstaltsleben. Meine Frau hatte ich jetzt 9 Tage nicht gesehen, sie muss bei der Staatsanwaltschaft einen Besuchsantrag stellen, wenn sie mich besuchen möchte. Das geht natürlich nicht so einfach und natürlich auch nicht so schnell.

- 06:47 Uhr: Wecken und Aufschluss
- 07:08 Uhr: Einschluss
- 11:20 Uhr: Tür öffnet sich und die Dame vom Sozialdienst steht vor der Tür. Gut, dass ich nicht gerade auf dem Töpfchen saß. *Damit das nicht passiert, habe ich die großen Geschäfte auf nachts eingetaktet, damit ich nicht auf dem Klo sitze, wenn jemand die Tür aufmacht.* Kleine Geschäfte versuche ich nach Möglichkeit, auch nachts zu verrichten. Die Uhrzeiten für Essen, Hofgang etc. stehen ja relativ genau fest, aber es kommt immer wieder mal zwischendurch einer rein, der irgendwas abgeben oder wissen will. Also einfach so aufs Klo gehen, ist immer ein Risiko
- Die Dame nimmt mich mit in ihr Büro im selben Gebäude. Ich erfahre, dass es dienstags immer Wäschewechsel gibt, das war gestern. *Schade, dass mir das niemand gesagt hat.* Man kann seine Wäsche

in ein Wäschenetz geben und das wird dann extern gewaschen. Ähnlich mit der Bettwäsche. *Schade, dass ich auch kein Wäschenetz bekommen habe.* Warum auch. Ich wusste ja, dass es hier grobe Organisationsmängel gibt. Warum hätte das auch klappen sollen? Zumindest wusste ich jetzt, dass ich in der nächsten Woche meine Unterhosen nicht mehr mit der Seife im Waschbecken waschen muss, sondern dies zur Wäscherei geben kann. Ich erwähne der Sozialarbeiterin gegenüber, dass dieses oder jenes in meinen Augen suboptimal gelöst ist. Dass ich bislang – auch nach 9 Tagen – weder ein Vorhängeschloss für meine Zelle bekommen habe, noch einen Fernseher, noch Shampoo, noch eine Hausordnung, aber gerügt werde, wenn ich diese nicht einhalte, weil ich z.B. eine kurze Hose im Sommer trage. Sie merkt, dass ich wohl ein Typ bin, der das auch in warme Worte an vorgesetzte Stellen verfassen kann oder bekommt Mitleid. Auf jeden Fall scheint sie sich darum zu kümmern. Sie macht mir klar, dass die Ausländer manchmal kein Geld für das Leihen eines Fernsehers hätten und wenn sie es hätten, …dann die Sprache nicht verstehen würden, - das wäre also nicht so schlimm, wenn ich keinen hätte. Die Logik habe ich nicht verstanden. Natürlich verstehe ich es, wenn ein Ausländer in einem fremden Land weder die Anweisungen versteht, noch das Fernsehprogramm, noch das Geld hat, sich einen solchen zu leihen. Aber ich habe diesen Ausländer auch nicht gebeten, mit seinem bulgarischen Sprinter nach Freiburg zu kommen und hier nachts die Fahrräder zu klauen. Auch den gambischen Häftling, der das Geld für einen Fernseher nicht hat, habe ich nicht gebeten, die Frau zu vergewaltigen und ihr das Messer an den Hals zu halten. Natürlich tun die mir leid. Aber nur, weil die in einer blöden Situation sind, muss man mich ja nicht auch in eine solche bringen. Ich habe niemanden umgebracht und kein Fahrrad geklaut. Ich handle nicht mit Drogen, vergewaltige keine Kinder und keine Frauen. Ich habe lediglich eine Firma geführt, die irgendwann geschlossen werden musste und die Staatsanwaltschaft überprüft, ob ich das nicht auch hätte früher machen können, damit der Schaden kleiner gewesen wäre. Durchaus berechtigt, aber in meinen Augen nicht zu vergleichen, mit jemanden, der 100 Kilogramm Marihuana handelt oder im Park Frauen absticht. Für die anderen Täter gelte wie für mich die Unschuldsvermutung, teilt mir die Sozialdame mit. Das gilt dann wohl auch für die Täter, die ein Geständnis abgelegt haben oder in flagranti erwischt wurden. Oder für die, die schon zum wiederholten Male hier sind, denke ich mir. Weil der gambische Häftling den TV-Sender nicht versteht, soll ich mich damit zufriedengeben, dass ich auch kein TV-Gerät habe. Merkwürdige Logik.

- 11:47 Uhr: Essen kommt
- 12:56 Uhr: bringt mir jemand Shampoo, Spülmittel und ein Taschentuch. Alles drei hatte man zu Beginn „vergessen" mir auszuhändigen. **Nach 9 Tagen endlich Shampoo:** Man fühlt sich wieder wie ein Mensch. Natürlich eines der Marke preiswert, aber egal. Ich hätte *1x im Quartal* Anspruch darauf. Ich versuche mir, vorzustellen, wie gering ich Spülmittel und Shampoo dosieren müsste, dass es 3 Monate hält
- 14:00 Uhr: Der Leiter der U-Haft, Herr R. bringt mir eine Hausordnung und ein Vorhängeschloss. Die Sozialarbeiterin scheint mit ihm gesprochen zu haben. Er hat einen hochroten Kopf und ist sehr freundlich. Ich auch. Ich bedanke mich artig. Endlich kann ich beim Verlassen der Zelle diese von außen verschließen. Wenn ich jetzt in das Büro des Stockwerksbeamten gehe, um z.B. Post abzugeben oder zu holen, muss ich keine Angst mehr haben, dass jemand in der Zwischenzeit meine Zelle plündert. Ich kann sie abschließen. Einen Zweitschlüssel hat natürlich der Stockwerksbeamte, damit er jederzeit in die Zelle kann, - was ja auch Sinn macht.

Von innen kann ich sie sowieso nicht abschließen, - dies geht nur, wenn ich draußen bin.

- 15:00-15:30 Uhr: Highlight des Tages:
Meine Frau hat einen Besuchstermin bekommen und kommt. Ich werde durch unterirdische Gänge zum Besuchertrakt geführt, wieder vorbei an totgetretenen Kakerlaken auf dem Boden, die so keiner
wegmachen will. Auf dem Weg dahin
muss ich durch einen Sensor, ob ich nichts
Metallisches bei mir führe. Messer und
Waffen sind nicht so gerne gesehen. Als
anständiger Häftling befolge ich die Anweisung, nur in langen Hosen zu solchen
Terminen zu gehen. Die einzige lange
Hose, die ich auf der Zelle hatte, war die
Anstaltsjeans, in der ich meiner Frau ge-
genübertrat. Modell Ostblock.

- Wir saßen in einem Besprechungsräum-
chen an einem Tisch gegenüber und in einer Ecke des Raums eine weibliche Auf-
passerin, die das Gespräch mitanhörte und
beobachtete. Ich versuchte, meine Frau zu
beruhigen, die sich viel Sorgen machte
und von der Gewalt in deutschen Gefängnissen wusste. Sie hatte schon vor Tagen
Bekleidung für mich abgegeben, die aber
noch nicht den Weg zu mir gefunden
hatte, womit wir wieder bei Organisationsmängeln wären... sie hatte wenig Verständnis dafür, dass ich noch keinen Fernseher hatte und keinen Wasserkocher.

Dass ich erst am 9. Tag Shampoo bekommen habe, fand sie ebenso erschreckend wie meine Kleidung. Dabei äußerte sie zwischendurch wohl so einen Satz wie „Da muss man denen mal Beine machen, dass die sich mal bewegen" o.ä. Das veranlasste die Aufseherin zu einem emotionalen „Ich breche das hier ab". Meine Frau hatte wenig diplomatisch übersehen, dass die Dame sich auch zur Gruppe der Kritisierten zählte und sich dort nicht wiederfand. Die Aufseherin drohte, das Gespräch sofort abzubrechen, wenn meine Frau sich auch weiterhin kritisch über Unzulänglichkeiten in der Art und Weise äußern würde. Ich konnte beide verstehen: Meine Frau und die Wärterin. Meine Frau war in einer emotionalen Sondersituation: Ihr Mann war im Gefängnis, was sie mit dem Einwurf von Futter in ein Piranha-Becken gleichsetzte und die Wärterin fühlte sich in ihrer Berufsstandsehre verletzt, was ich auch verstehe. Wie dem auch sei: Das Gespräch hat sich schnell herumgesprochen, andere Wärter wussten dann auch Bescheid. Zu mir waren nach wie vor alle freundlich. Wie man in den Wald hineinruft, so schallt es auch hinaus. Ich war freundlich zu den Leuten, die Leute freundlich zu mir. So einfach ist das.

- Meine Frau hat sich wohl im Nachgang nochmal beschwert, warum Briefe und

Kleidung nicht zeitnäher zu mir befördert werden, was aber an der Geschwindigkeit zukünftiger Abwicklungen nichts änderte.

- Ich dachte mir noch, dass die Wärterin zwar formal das Gespräch beenden könne, aber nur, wenn wir uns über eine vorgeworfene Tat unterhalten o.ä., was wir ja nicht taten. In der Praxis sitzt sie aber am längeren Hebel: kann das Gespräch beenden, ich kann mich darüber beschweren und bis es entschieden ist, bin ich sowieso schon entlassen. Ergo: Kleine Brötchen backen.

- Meine Frau brachte mir 5-6 Tafeln Ritter Sport aus dem Vorraum mit, wovon ich eine kurz danach schon wieder loswurde: Nach den Besuchsterminen wird man als Häftling zunächst wieder in ein Wartezimmer eingesperrt, ggf. mit anderen Häftlingen, bevor einen da ein Wärter abholt und zur Zelle zurück führt. In diesem Warteräumchen (ca. 2x4m) saß ein afrikanischer junger Mann, der meine Schokoladen in der Hand sah und um eine bat. Aus Mitleid schenke ich ihm eine Tafel. Hätte ich gewusst, was er draußen verbrochen hatte oder haben soll und wie er sich später noch verhalten hat, hätte ich dies vermutlich nicht gemacht, doch dazu später.

- Ich ließ mich vom Wärter wieder bis in die Zelle zurückführen, nahm am Hofgang nicht teil.

- 16:55 Essen und Einschluss

10.Tag in U-Haft (Donnerstag)

Meine Frau hat wohl nach dem gestrigen Besuchstermin Druck gemacht, war erschrocken über mein Aussehen. Sie wollte sich für mich einsetzen, dass es mir besser geht und hat dann im Gefängnis angerufen, u.a. auch die Sozialbetreuerin, die mich dann zum Gespräch einlud. Meine Frau hatte wohl einen nachhaltigen Eindruck hinterlassen. Ich sah am Vortag nicht nur krank aus, sondern in der Anstaltsjeans auch noch erbärmlich. Eine Erkältung ließ mich vermutlich auch noch etwas blass aussehen. Wie sie mir später sagte, hätten „die Penner vom Bahnhof besser ausgesehen". Sie hatte Recht: Die Jeans wird auch bei keinem Modepreis auf den vorderen Plätzen dabei gewesen sein.

- 06:46 Uhr: Wecken. Ich gebe schnell einen schriftlichen Antrag ab, dass ich auch gerne ein Wäschenetz hätte – so wie die anderen Gefangenen, damit ich meine Wäsche zur Wäsche geben kann. Außerdem beantragte ich, zum Arzt zu dürfen, da ich eine Erkältung hatte oder glaubte zu haben. Es kratzte im Hals, die Stimme ging weg und ich musste dauernd husten.
- 07:02 Uhr: Einschluss. Zu die Tür….
- 10:13 Uhr: Zellenkontrolle: Die Tür geht auf und ich muss raus, dafür kommt ein Wärter rein und kontrolliert die Zelle. Ich darf nicht zusehen. Er ist aber so schnell

wieder draußen, dass ich mich frage, wie er in so kurzer Zeit die ganze Zelle kontrolliert haben kann. Vermutlich wird er sich denken, dass ich dort sowieso nichts verstecke, denke ich.

- 11:17 Uhr: Die Sozialarbeiterin ruft mich zu sich und macht mir klar, dass meine Frau angerufen hat und sich über dieses und jenes beschwert hat. Ich weiß, dass meine Frau Recht hat und es natürlich schneller gehen kann. Ich weiß aber auch, dass solch staatlichen Institutionen ihre Abläufe haben und dort auch schon mal *„Gut Ding will Weile haben"* gilt. Die Dame macht darauf aufmerksam, dass meine Frau die Gefahr eines Selbstmordes sieht und sie als JVA-Bedienstete das protokollieren müsse und mich dann eigentlich verlegen lassen muss. Z.B. in eine Mehrpersonen-Zelle. Ich mache ihr nochmal klar, dass diese Gefahr nicht bestehe und meine Frau nur das Beste für mich erreichen will, was ich auch verstehen kann. Sie ist ja draußen hilflos. Sie gibt vor Tagen Wäsche ab und hat die Vorstellung, dass ich diese am selben oder nächsten Tag auch erhalte. Doch so einfach ist das in solchen Institutionen nicht. Sie sagt mir nochmal, ich könne ja die Anstaltssportkleidung anziehen (in hübschem Kobaltblau), alle würden hier Jogginganzüge tragen. Hemden trägt hier keiner. Ich denke mir nur „aber ich". Wir trennen uns einvernehmlich. Sie geht davon aus, dass ich am nächsten Tag nicht am Fensterkreuz hänge und ich gehe davon aus, auch zukünftig keinen Zellen-Mitinsassen mit meinem Geschnarche stören zu müssen.

- 11:47 Uhr: Mittagessen: Es gibt Nudeln, Gulasch und Salat
- Am Hofgang nehme ich nicht teil, werde wieder eingeschlossen
- 16:30 Uhr: Ein Wärter ruft mich runter in das Erdgeschoss, es wäre Post für mich da… ich laufe freudig erregt dorthin, damit er mir dann unten mitteilt „ist doch nicht für Sie". Ich überlege mir, ob der das absichtlich gemacht hat oder sich einfach nur vertan hat. Da ich das ohnehin nicht klären kann, will ich mich mit der Frage nicht weiter beschäftigen und dackele wieder in meine Zelle.
- 16:56 Uhr: Essen und Einschluss, ich gebe noch einen Antrag über Nachforschung zu meinem Antrag auf Zurverfügungstellung eines Fernsehers ab, da ich auch am 10. Tag immer noch keinen bekommen habe. Praktisch eine Untätigtkeitsbeschwerde.

21:00 bis 23:39: den ganzen Abend spielt irgendein Vollhorst irre laute Musik in den Hof hinein. Hört sich für mich an wie eine Zelle schräg rechts über mir. Der Musik nach hat derjenige ein Hörproblem oder steht im Drogenrausch. Oder auch beides. Um 23:28 Uhr(!) können sich dann Wärter dazu entschließen, auch mal im Hof nachzuschauen, woher denn das wohl kommen möge. Eigentlich war es so laut, dass man es noch mehrere Gebäude weiter gehört haben sollte. Gegen 23:39 Uhr hat man dem jungen Mann aus Afrika wohl das Musikgerät aus der Zelle entfernt. Ob er zugekifft war oder die anderen nur ärgern wollte, werde ich nicht erfahren. Ob er dafür in den „Bunker" kam, wie die Sonderzelle für solche Leute im Tiefgeschoss liebevoll genannt wird, weiß ich nicht. Erzählt wird von Gefangenen immer viel, wenn der Tag lang ist und die Tage sind alle lang. Es schläft sich auf jeden Fall besser ohne discothekenlaute Beschallung mit Reggae-Musik. Ich denke an den Bürgermeister New Yorks mit seiner Zero-Toleranz-Strategie und frage mich, wieso da keiner vorher eingriffen hat. Spätestens um 22.10 Uhr. Wenn man konsequent eingreift, macht bald keiner mehr Krach, denke ich mir. Aber: Ist nicht mein Gefängnis und wir sind auch nicht in New York.

11.Tag in U-Haft (Freitag)

Wie schnell das geht. Heute ist der 11.Tag in U-Haft und ich sollte die Anziehsachen, die meine Frau mir bereits vor langem in die Haftanstalt gebracht hat, ausgehändigt bekommen, zumindest zum Teil. Auch durfte ich ein Erlebnis der besonderen Art in Zusammenhang mit einem Arztbesuch haben. Ich hatte ja am Vortag morgens um 7 Uhr beantragt, zum Arzt zu dürfen, weil ich Husten/Erkältung hatte. Bin ja kein Weichei, aber wenn man sich noch nicht mal einen Tee mit Honig zur Linderung machen kann, selbst Hustelinchen nicht in Sicht sind, muss man halt zum Arzt wegen so einem Quatsch. Männergrippe halt.

06:45 Uhr Wecken, kurz danach Tür wieder zu
08:00 Uhr Abholung zum Arztbesuch: Die Tür geht auf, ein Wärter fordert mich auf, mich im Erdgeschoss am Gitter mit den anderen Gefangenen, die zum Arzt wollen, zu versammeln. Vorhängeschloss von außen vor die Tür (bin ich ja jetzt stolzer Besitzer) und ab nach unten. Dort beäugten mich ca. 10 andere Gefangene, die wohl auch alle zum Arzt wollten. Mich hatten die ja immer nur kurz gesehen. Ich sah die skeptischen Blicke. Vor allen Dingen die eines jungen Mannes mit vielen Tätowierungen und Migrationshintergrund und eines Glatzkopfes, der an sich freundlich aussah, aber von mir der Volksgruppe der Sinti und Roma zugeordnet wurde. Könnten aber auch aus Russland oder sonst woher gekommen sein.

Sie schauten auf jeden Fall kritisch. Alle mussten zum Arzt. Auch zwei junge Deutsche, die wohl auch aus dem Großraum Freiburg kamen und mich freundlich grüßten. Die ganze Gruppe wurde dann zum Arzt geführt, aber nicht direkt zum Arzt, sondern wieder in ein Wartezimmer, in das dann die – gefühlt – 10 Mann eingesperrt wurden. Der Raum war ca. 2x 4 Meter groß. Es standen Bänke an der Wand und der Raum war mit den Menschen gut voll. Die anderen kannten sich untereinander, weil sie schon länger hier waren. Und wie ich es richtig vermutet hatte, machte der junge Mann mit den vielen Tattoos Ärger. Er fragte mich, warum ich hier bin. Obwohl es ihn nichts anging, hielt ich es für klug, ihm von dem gegen mich gerichteten strafrechtlichen Vorwurf, der eher im Kaufmännischen als im Gewaltbereich lag, zu berichten. Er konterte damit, dass ich schlecht lügen könne. Er glaubt mir nicht. Eine gespannte Stimmung im Raum entsteht. Keiner sagt was. Es fühlte sich so an, als wenn alle die Luft anhielten. Ich bot ihm an, er können gerne meinen Haftbefehl lesen, wo der Vorwurf ja drinsteht. Diesen hatte ich auf der Zelle, er könne gerne Einsicht nehmen.
Die zwei jungen Deutschen, die auch da waren, erklärten mir dann freundlich, dass es *unklug ist, am Hofgang* **nicht** *teilzunehmen.* Es gibt nur zwei Personengruppen,

die das schon mal nicht tun: Das eine sind Pädophile, das andere sind Spitzel der Polizei. Es würde auf dem Hof schon unheimlich viel getuschelt über mich. Die einen denken, ich bin pädophil, die anderen halten mich für einen Spitzel der Polizei. Im Gefängnis ist es eigentlich egal, wer was gemacht hat oder gemacht haben soll. Es unterhält sich der Messerstecher mit dem Vergewaltiger und der Geldautomatensprenger mit dem Betrüger, aber was man gar nicht leiden könnte, sind Pädophile, Spitzel und Verräter. Alle drei werden gerne auch mal mit blutender Wunde in der Dusche gefunden und sind unglücklich gefallen, bedeutete man mir später. Das deckte sich mit Bildern und Klischees, die ich von früher aus dem Fernsehen über Gefängnisse im Kopf hatte.

Ich bot den beiden Deutschen an, dass ich beim nächsten Hofgang gerne dabei bin und ihnen meinen Haftbefehl auch gerne zeige. Hätte ich überhaupt kein Problem mit. Ich habe selber eine Tochter und wäre von Pädophilie so weit weg wie der Papst von der Vielehe.

Einige Blicke waren immer noch skeptisch. Der Glatzkopf verstand nicht, warum ich nicht gegen Kaution draußen bleiben dürfte, früher hätte man für sowas 10.000 Euro Kaution gezahlt und gut ists. Mittlerweile würden die wohl jeden einsperren. Er selber sei auch unschuldig hier.

Naja, einer nach dem anderen wurde dann reingerufen zum Arzt. Irgendwann war auch ich dran: Ich bekam Ambroxol gegen Husten, mein Blutdruckmittel Ramipril, welches mir ausgegangen war, konnte er mir jedoch nicht einfach mitgeben, dafür müsste ich die Papiertüte vorweisen, in der er mir das das letzte Mal gegeben hat. Diese war aber auf der Zelle. Ich sollte sie ihm per Hauspost schicken. Erschien mir nicht als die einfachste Lösung. Auch nicht als schnell, aber es war so.

Ich kam mit meinem Hustensaft wieder in den Warteraum und alle guckten mich an. Der massiv tätowierte nahm mir dann ohne zu fragen den Hustensaft ab und las sich die Beschreibung durch. Ich bot ihm an, dass er gerne einen Schluck abhaben könne. Er hatte wohl immer noch den Verdacht, ich sei pädophil und hätte nunmehr ein lustsenkendes Mittel verschrieben bekommen. Die Sorge konnte ich ihm nehmen. Ich hustete nochmal in seine Richtung, was ihn dann wohl überzeugt hat. So einfach war das. Und nahm ihm mein Medikament wieder ab. Man muss immer Herr im Ring bleiben. Aber auch erkennen, wann man besser schweigen sollte. Ich entschloss mich aber, am nächsten Hofgang teilzunehmen, bevor mir noch irgendwo einer mit einem Rasiermesser auflauert, weil er glaubt, ich sei ein verdeckter Ermittler oder pädophil.

10:00 Uhr: Vom Arztbesuch wieder zurück, werde ich von einem Wärter zur Kleiderkammer geführt, wo ich einen Fernseher erhielt. Stolz wie Oscar trug ich ihn hoch auf die Zelle und stöpselte ihn ein und was passierte: Es war ein *defektes* Gerät, welches einen hübschen Regenbogen zeigte, wenn man ihn einschaltet. Regenbogen vor schwarzem Hintergrund. Als künstlerische Installation sicher geeignet, als Fernseher eher weniger. Der Wärter hatte gottseidank die Tür noch nicht wieder verschlossen, sodass ich mit ihm nochmal runterdackeln konnte, um den Fernseher umzutauschen. „Jetzt brauchen die schon so lange für einen Fernseher und dann geben sie dir auch noch einen kaputten…" dachte ich… aber war halt so. Bewegung tut gut. Ich überlegte, ob das wohl Absicht, Dummheit oder Zufall war. Oder ob das Ding just zufällig gerade seinen Geist aufgegeben hatte.

Auch erhielt ich einen Teil der Textilien, die meine Frau vor Tagen schon abgegeben hat, ABER ein Teil musste eingelagert werden, weil es Höchstgrenzen für alles gibt: So darf man z.B. nur 2 Oberhemden auf der Zelle haben. In Worten: zwei.

Das sind 5 weniger als die Woche Tage hat, aber das ist den Vorschriftenmachern, die Gefangene gerne im T-Shirt oder Jogging-Anzug sehen, wohl egal. Na ja, jetzt hatte ich auf jeden Fall ausreichend Unterhosen, T-Shirts, eine Hose etc. Dauert alles, aber geht. Auch ein Wäschenetz hat man mir nunmehr ausgehändigt. Der Weg über die Beschwerde oder den Antrag über Nachforschung zum eigentlichen Antrag ist wohl der Weg, um hier etwas zu bewegen. Meine entsprechenden Anträge/Beschwerden warf der Angestellte in der Wäschekammer dann vor meinen Augen in den Papierkorb „das brauchen wir jetzt nicht mehr". Ich dachte mir nur „bis zur ISO 9001-Zertifizierung ist hier noch ein langer Weg".

11:50 Uhr: Essen
14:00 Uhr: Gespräch mit meinem richtigen Anwalt, der aus dem Urlaub wieder zurück ist. Er hat sich auch schon aus dem Urlaub und aus dem Ausland heraus in meiner Sache eingesetzt. Mit der Familie ist die Kostenübernahme geklärt. Der Anwalt gibt mir eine realistische Einschätzung des weiteren Procederes und erläutert mit noch einmal die Unterschiede zwischen Haftprüfung und Haftbeschwerde. Er erläutert mir, dass alleine schon der Haftbefehl fehlerhaft ist, da er die vorgeworfenen Straftaten gar nicht

explizit enthält. Dagegen vorzugehen könne aber durch einen neuen Haftbefehl einfach geheilt werden. Vielmehr liegt seiner Meinung nach schon der eigentliche Haftgrund, nämlich Fluchtgefahr, überhaupt nicht vor: Ich war/bin verheiratet, habe Kinder, lebe in einer Familie, habe noch nicht einmal einen gültigen Reisepass, sodass ich noch nicht mal nach Mexico hätte fliegen können, wie der Haftbefehl hätte vermuten lassen können, wo aufgeführt war, dass meine Tochter für ein Jahr nach Mexico geht. All dies sei überhaupt nicht berücksichtigt worden. Mehrere Angaben im Haftbefehl sind überdies nachweislich falsch. Vom Familienstand bis hin zur Behauptung, es bestände keine ausreichende familiäre Anbindung. Ich kenne nur wenig Menschen, die eine so intakte Familie aufzuweisen haben, wie ich, aber das steht im Haftbefehl ganz anders. Natürlich unbewiesen und unbelegt, einfach unbelegt behauptet.

Nach dem Anwaltsgespräch werde ich zum Hofgang geführt, der schon im Gange ist. Ein bisschen im Kreis laufen, den Haftbefehl hatte ich einstecken, um ihn ggf. irgendwelchen misstrauischen Spekulanten zeigen zu können. Es kam aber nicht dazu. Unterhielt mich mit dem einen oder anderen deutschen Insassen beim Rundgang. Dem einen wurde schwerer Raub nachgesagt, dem anderen Drogenschmuggel, dem nächsten Einbruch. Wen man alles kennenlernt...

Meine Rettung ist ein dunkelhäutiger Insasse, der im selben Stadtteil wohnt wie ich und mich vom Sehen her kannte. Damit schied ich als Pädophiler und verdeckter Ermittler aus. Er war gut vernetzt und teilte sein Wissen mit anderen.

16:30 Uhr: Hofgang Ende und in die Zelle: Alle gehen in einer Traube die Treppe hoch zu den Zellen. Dabei wird der eine oder andere unsanft mit dem Ellenbogen gestoßen. Da waren sie wieder die kleinen Machtspielchen. Wärter können nicht überall sein und nicht alles sehen.

16:55 Uhr: Essen und Einschluss

Heute ist der erste Abend seit langem, wo ich wieder Fernsehen schauen konnte. Versteht sich, dass die Fernbedienung kaputt war (oder die Batterien leer), so musste man wie in den 70er-Jahren immer aufstehen und mit dem Finger auf dem Gerät umschalten. Das erschwerte das Heraussuchen eines sehenswerten Programmes etwas. Ich schaute Nachrichten und Wissenssendungen, viele Geschichtssendungen, manchmal auch Talkshows.

Während der nächsten Tage sollte ich zu einem Stammseher der Sendung *Bares für*

Rares werden, wo Experten Antiquitäten vom Dachboden etc. schätzten, - eine Sendung mit Horst Lichter, den ich vor vielen Jahren einmal persönlich kennenlernen durfte, - der jetzt auch im Großraum Freiburg wohnt. Er war schon damals auch privat außerordentlich schlagfertig und witzig. Ein Naturtalent. Viel länger als 22 Uhr schaute ich aber selten TV, auch wenn dies möglich gewesen wäre, da ich mir dachte, dass Schlaf wichtiger ist als jede Fernsehsendung. Das Leben in einer Zelle und im Gefängnis ist ja tendenziell ungesünder als draußen – wegen der Ernährung und der mangelnden Bewegung. Dann sollte wenigstens der Schlaf stimmen. Im Schlaf regeneriert sich der Körper…

Komm Muschi, spring

An diesem Abend – es ist draußen noch recht warm - hängen nach dem Einschluss wohl fast alle Gefangenen noch an den Fenstern und unterhalten sich durch die Gitter. Ohne sich zu sehen. Es wird sich über schwache Gefangene lustig gemacht und über Drogenabhängige, die morgens schon zitternd zum Büro eilen, um sich ihr Substitut (Methadon o.ä.) abzuholen.

Wenn ich aus der Zelle schaue, sehe ich rechts ein Hochhaus, auf dem ganz oben Menschen – wohl auf einer Art Dachterrasse oder Balkon – stehen.

Ich hielt es während der Haft für das St.Josefs-
Krankenhaus, tatsächlich ist es aber das Physikali-
sche Institut der Freiburger Universität, was in einem Hochhaus untergebracht ist.

Dort auf dem Dach genießen ein paar junge Leute
den ausklingenden Tag und stehen nahe an der
Dachkante – so sah es zumindestens aus unserer
Perspektive aus. Aus dem vergitterten Fenster.
Plötzlich ruft einer der Gefangenen ganz laut zu
der Person, die nah an der Dachkante steht:
„KOMM MUSCHI, SPRING".

Er wiederholte es mehrfach laut schreiend, was für
Heiterkeit im ganzen Untersuchungshaft-Trakt
sorge. Alle hingen gefühlt am Fenster und lachten.
Die Personen auf der Dachterrasse schauten zu
uns herüber und machten sich lustig. Offensichtlich hatten sie Getränke in der Hand. Eine Cock-
tailparty vielleicht.

Gerufen hatte wohl – der Stimme nach – ein Mit-
häftling, der auch vormals auf dem Hof immer
wieder das Bedürfnis hatte, aufzufallen und seine
Stellung in der Gruppe durch Drohungen ggü.
Schwächeren zu festigen. In der Psychologie
würde man so jemanden wohl ein Omega-Huhn
nennen.

Das Gegenüber ist übrigens nicht gesprungen,
sondern hat vermutlich in aller Ruhe seinen Sun-
downer ausgetrunken und den Sonnenuntergang in
Freiheit genossen.

12.Tag in U-Haft (Samstag)

Und wieder war es Samstag. Mittlerweile der zwölfte Tag im Gefängnis. Wer hätte das noch einen Monat vorher gedacht? Heute gab es gleich zwei Neuheiten: Zum einen wurden Bestellzettel für einen Einkauf verteilt, zum anderen saß eine Dame im Stockwerksbeamtenbüro, wo man sich die Post abholen konnte. Damen sind ansonsten im Männergefängnis eher selten.

- 08:05 Uhr: Wecken und Tür wieder zu
- 11:25 Uhr: Mittagessen. Eigentlich immer ziemlich früh dachte ich heute… aber das ist in manchem Krankenhaus ja auch so. Es gab Suppe und Milchreis, merkwürdige Kombination, aber warm und hat Kalorien
- 13:20 Uhr: Aufschluss: Man konnte sich Bestellzettel abholen, auf denen man eine Bestellung von Lebensmitteln und Drogerieartikeln bei einem Edeka notieren konnte. Ein Edeka in Deutschland hat sich wohl für mehrere Gefängnisse die alleinigen Lieferrechte gesichert. Da kommt natürlich ganz schön was zusammen, wenn mehrere hundert Gefangene etwas bestellen. Ein schöner Vertrag für

den Edeka, habe ich mir gedacht. Ein mehrseitiges kleingedrucktes Bestellformular. Es gab praktisch alles zu bestellen: Vom Kugelschreiber über Notizblöcke, Briefumschläge bis hin zu Chips, Keksen, Getränken oder auch Dosensuppen oder Fertiggerichten... mangels Herd oder Microwelle schied allerdings ein Großteil aus. Ich bestellte Deo-Roller (hatte immer noch keinen), eigenes Shampoo, einen gescheiten Mehrklingen-Nassrasierer, Rasierschaum und ein paar Flaschen Getränke. Immer nur Kranwasser ist auf Dauer ja auch fad. Und einen Wasserkocher natürlich. Bislang stand mein Instantkaffee ja unangerührt da...

- 13:30-14:30 Uhr Hofgang, danach noch Post im Wärter-Büro abgeholt. Die Bediensteten hier werden wegen ihrer immer wiederkehrenden Tätigkeit des Türaufschließens fast ausschließlich „Schließer" genannt. Jeder Gang endet an einer Gittertür mit einem Schloss, welches nur mit einem Schlüssel eines Schließers zu öffnen ist. Damit es komplizierter ist, braucht man für das gesamte Gebäude einen Riesen-

Schlüsselbund, den die Armen
den ganzen Tag mit sich herum-
tragen müssen. Die meisten hatten
ihn außen am Hosenbund befestigt, weil er sonst die Taschen zu
sehr ausgeleiert hätte.

- 15:05 Uhr: Einschluss

Mittlerweile bekam ich jeden Tag Post. Ich
war im Gebäude derjenige, der die meiste Briefpost bekam, - von Frau und Verwandtschaft.
Meine Frau schrieb jeden Tag mindestens einmal,
manchmal auch mehrmals. Und wenn es „nur"
Postkarten waren. Man freute sich drüber.

Bemerkenswert war dies deshalb, da ja alle
eingehenden Briefe über die Staatsanwaltschaft
laufen mussten, die ja vorher behauptet hatte, ich
hätte keine ausreichende familiäre Bindung. Ausgerechnet derjenige, der keine familiäre Bindung
hatte, bekam jetzt aus der Familie die meiste Post
in der gesamten Haftanstalt. Hier kann man wohl
von einer klassischen Fehleinschätzung sprechen.
Wie sich bei Akteneinsicht später herausstellte,
fußte die Behauptung im Haftbefehl, ich hätte
keine familiäre Bindung schlichtweg auf nichts.
Durch nichts belegt. Noch nicht einmal durch etwas Falsches. Einfach erdacht. Es war einfach
eine Behauptung ohne jeglichen Beweis oder auch
nur Anscheinsbeweis. Einfach mal so in den
Raum geworfen, damit man einen Grund für den
Haftbefehl hatte. So machte es zumindest den Eindruck. Ich fand das bemerkenswert. Mein Glauben

an den Rechtsstaat hat deutlich gelitten. Ich kann verstehen, dass man ermittelt, wenn jemand eine Firma schließt. Aber, dass man jemanden ohne Urteil und ohne ausreichend ermittelt zu haben nur aufgrund von Vermutungen und auch noch erdachten Unterstellungen ins Gefängnis steckt, überraschte mich. Untersuchungshaft ist ja keine vorweggenommene Strafe, wie einige glauben, sondern Untersuchungshaft darf im Wesentlichen nur aus drei Gründen verhängt werden:

1. **Wiederholungsgefahr**: Ein Serienvergewaltiger, der schon 12 Frauen vergewaltigt hat, sollte sicher besser weggesperrt werden, bevor während der Verhandlung noch etwas passiert. Bei mir war es aber anders: Das Gewerbe war geschlossen, das Büro war geschlossen und ich hatte auch nicht den Ehrgeiz, dies wieder zu eröffnen. Die Gefahr bestand also gar nicht

2. **Verdunkelungsgefahr:** Wenn Carlo Moruzzi mit seinen 12 Kumpanen das Museum of Modern Arts ausraubt und Bilder stiehlt und es werden nur 3 von denen gefasst, macht es Sinn, die ins Gefängnis zu stecken, bevor die sich untereinander absprechen oder die Bilder ins Ausland verbringen…Passte bei mir aber auch nicht, da die Firmenschließung schon Wochen zurück lag. Ich hätte schon längst alles verdunkeln können, mich

absprechen können, mit wem ich wollte und wenn ich Geld auf mein Schweizer Bankkonto hätte verbringen wollen, hätte ich dies schon lange tun können.

3. **Fluchtgefahr:** Jemand ist in Untersuchungshaft zu nehmen, wenn anzunehmen ist, dass er sich einem fairen Prozess durch Flucht entziehen möchte. Hierauf stellte mein Haftbefehl ab: Eine Strafe könnte so hoch sein, dass ich diese nicht antreten wollte und da ich keine ausreichenden sozialen Bindungen hätte, wäre meine Neigung groß, mich abzusetzen. Gerade, weil meine Tochter für ein Jahr nach Mexico ginge. Die Argumentationskette hatte nur einen Pferdefuß: Ich selber war es, der einen Insolvenzantrag beim Amtsgericht für eine Firma gestellt hat. Ich selber habe anschließend kooperativ mit dem Insolvenzverwalter zusammengearbeitet: Angefragte Listen zur Verfügung gestellt, eine Einführung in die EDV-Systeme gegeben etc.

Als es zu einer Haus- und Bürodurchsuchung kam, war ich gerade auf dem Weg zu meiner Tochter, telefonierte mit der Polizei und bot an, dass ich sofort kommen könnte. War aber nicht gefragt. Ich fuhr dennoch am selben Tag zurück nach Hause. Von

Fluchtgefahr kann also keine Rede
sein. Selbst ein lange vorher geplanter
Urlaub wurde von mir proaktiv VOR-
HER dem Insolvenzverwalter schrift-
lich avisiert – mit Angabe der Erreich-
barkeit und der Rückkehr.
Ich wäre der erste gewesen, der seine
Flucht vorher schriftlich ankündigt.

Nun gut, die Welt wird sich weiterdrehen,
dachte ich mir. Auch wenn die mich zu Unrecht
festhalten.

Auch Fotos wurden mir geschickt, - auch
wenn ich nicht vergessen hatte, wie meine Verwandten aussehen. Beim Betrachten so manchen
Bildes musste ich weinen. Zum Beispiel beim Betrachten der Bilder meiner Tochter, die ich über
alles liebte. Auf sie war ich unglaublich stolz. Sie
hat den Dickschädel und die Frechheit ihres Vaters übernommen, hat das Abitur geschafft, konnte
fließend englisch sprechen und machte einen
selbstsicheren Eindruck. Zudem war sie nicht so
dick wie Papa und machte Sport. Ich erinnerte
mich oft an die vielen schönen Momente mit ihr.
Und jetzt konnte ich sie noch nicht mal anrufen.
Das tat weh.

Gleichsam meine Frau: Sie musste jetzt zuhause
alles alleine managen, war gesundheitlich schon
vorher angeschlagen. Das jetzt versetzte ihr sicher

nochmal einen gehörigen Dämpfer. Ich spürte, wie sie leidet.

Ich habe die Fotos oft geküsst.

Meine Eltern taten mir auch leid. Mein Vater war schwer krebskrank und nicht mehr der Jüngste, meiner Mutter zerriss es sicher das Herz. Aber wie sie es im ganzen Leben gemacht haben: Sie standen zu mir. So wie man es sich von Verwandten eigentlich auch wünscht. Und zwar ohne Wenn und Aber. Bedingungslos. Vorbildlich. Ich werde Ihnen mein ganzes Leben dankbar dafür sein. Sie haben sofort die Stellung einer Kaution angeboten und dem Rechtsanwalt die Bezahlung der Kosten zugesagt. Das hätten sie nicht tun müssen. Sie machen das Geld ja auch nicht selber.

13.Tag in U-Haft (Sonntag)

Und auf den Samstag folgte der Sonntag. Ohne besondere Vorkommnisse:

- 08:05 Uhr: Wecken
- 11:35 Uhr: Essen (Schnitzel und Salat)
- 13:30-14:30 Uhr: Hofgang
- 15:05 Uhr: Essen—Ausgabe und Einsammeln der Bestellzettel vom Vortag. Der

sogenannte Einkaufsschein konnte endlich abgegeben werden. Die Scheine waren durchnummeriert, damit der Lieferant das besser sortieren konnte. Der einsammelnde Schließer meinte noch zu mir, dass meine Nummer auf dem Schein gar nicht sein könnte. Ich ersparte mir eine Diskussion darüber, da ich den Schein ja so bekommen habe und er nicht aus einer Fälscher-Werkstatt stammte

14.Tag in U-Haft (Montag)

Der Montag war ereignislos. Ich entschloss mich, an diesem Tag einmal mehr nicht am Hofgang teilzunehmen: Zum einen, um zu demonstrieren, dass ich mich nicht gängeln lasse: Auch, wenn irgendwelche „Häuptlinge" unter den Gefangenen meinen, ich müsste das tun, weil ich sonst ein Pädophiler sei, setzte ich ein Zeichen und hob mich von der Masse ab. Ich alleine entscheide, ob ich daran teilnehme oder nicht. Auch, wenn jemand anders böse guckt. Zum anderen, um mir selber zu beweisen, dass „Einschluss" gar nicht schlimm ist. Ich kann es sogar selber wählen. Ich bitte den Schließer förmlich darum, mich einzuschließen und gehe nicht raus. Damit mache ich ihm auch klar, dass mich das nicht so trifft. Und das Wichtigste: Mir selber.

Einziger Nachteil dieser Methode: Man kommt nicht an die frische Luft, aber die Fenster haben genug davon reingelassen.

- 06:47 Uhr: Wecken und kurz danach wieder Einschluss
- 11:45 Uhr: Essen: Hähnchenschenkel
- 14:15 Uhr: Aufschluss
- 15:30 bis 16:30 Einschluss, während die Anderen Hofgang hatten. Ich schaue etwas Fernsehen, es kommt aber nur Quatsch
- 16:55 Uhr: Abendessen (wie immer Brot + Aufschnitt) und kurz danach Einschluss

15.Tag in U-Haft (Dienstag)

Heute durfte ich beim Hofgang einen jungen Mann kennenlernen, dem die Polizei eine Vielzahl von Straftaten vorwarf. Eigentlich war er hochintelligent, hatte aber unter Umständen eine Persönlichkeitsstörung oder zumindest psychische Probleme oder auch nicht. Da konnte man nicht so ganz sicher sein. Er wurde von anderen Gefangenen gemobbt, die seine Schwäche ausnutzten und nochmal draufhauten. In mir weckte er eher väterliche Instinkte, aber auch ich musste aufpassen. Wer sich dauerhaft mit den Schwachen solidarisiert, läuft im Gefängnis Gefahr, selber zum Opfer zu werden, weil die vermeintlich Starken dann ihren Hass auf einen selbst übertragen. Dennoch sollte ich mich die nächsten

Tage immer wieder mit ihm unterhalten. Da er schon öfters dort war und auch schon wieder länger dort einsaß, kannte er viele und konnte mir die Historie, bzw. Strafvorwürfe zu jedem mitteilen. Ich wusste also recht schnell, wer aus welchem Land war, wer Einbrecher war, wer andere Leute erstochen haben sollte, wem vorgeworfen wurde, Geldautomaten aufgebrochen zu haben und wer seinen Vater im Suff überfahren haben sollte. Gleich mehrfach versteht sich. Ich erfuhr auch, welche von den vielen Asylbewerbern in der U-Haft wegen Vergewaltigung, welche wegen Diebstahl, welche wegen Messerstechereien hier einsaßen. Wer von denen seine Zelle angezündet hatte und wer kleine Mädchen belästigt haben soll. Ob es alles so stimmte, konnte ich ja nicht überprüfen, aber einzelne Betroffen erzählten mir dann von selber ihre Geschichte und es traf Deckungsgleichheit ein.

Mitgenommen hat mich die Geschichte eines jungen Mannes, der sich wohl selber im Suff mit dem Auto umbringen wollte. Sein Vater wollte ihn aufhalten und wurde dann von ihm überfahren. Der betroffene junge Mann machte einen ganz ordentlichen Eindruck: Ich hätte ihm das nie zugetraut. Auch er tat mir leid. Wobei es sich ja erst noch herausstellen muss, ob es so oder anders war. Als besonderes Highlight durfte ich heute (am 15.Tag) zum ersten Mal meine Wäsche abgeben. Großartig:

- 06:45 Uhr: Wecken und Gelegenheit zum Wäschetausch: Man steckt seine eigene schmutzige Wäsche in einen Netzbeutel und gibt diesen beim Stockwerksschänzer ab, der neben mir seine Zelle hatte. Ein Gefangener, der zusätzliche Arbeiten übernommen hatte und dafür im Gegenzug fast den ganzen Tag die Zellentür aufhaben darf. Der Kollege war auch für Klopapierausgabe zuständig. Immer nur zwei Rollen, versteht sich. Auch seine Handtücher oder Bettwäsche konnte man regelmäßig tauschen, allerdings nur alle 3 Wochen. Nach 15 Tagen hatte ich auch danach ein Bedürfnis. Erinnerte mich schon ein wenig an Dschungelcamp. Es müffelte so langsam. Ich hatte übrigens immer noch keinen Deo-Roller, aber machte ja nichts. Er war ja jetzt bestellt

- 07:06 Uhr: Einschluss. Bis dahin musste das gesamte Stockwerk seine Wäsche abgegeben oder getauscht haben.

- 10:00 Uhr: Ich werde nochmal zur Wäschekammer gerufen und erhalte eine Lieferung Handtücher und Bettwäsche, die meine Frau für mich abgegeben hatte. War natürlich schon was her, dass sie das gemacht hatte, aber heute wurde ausgehändigt. Sehr schön. Nicht mehr diese hässlichen Anstaltshandtücher, die schon zigmal durch den Trockner gelaufen sind, sondern eigene, flauschige Handtücher und Bettwäsche. Meine Frau muss mich doch gerne haben….

- 11:47 Uhr: Essen (Frikadelle und Reis)

- 15:30-16:30 Hofgang mit angeregter Un- terhaltung mit dem jungen Mann, der auch hier einsaß. Seine Fähigkeiten hätte man sicher in vielen Unternehmen gebrauchen können. Hochbegabt im IT-Bereich, aber ihm wurde vorgeworfen, dies immer wie- der missbräuchlich ausgenutzt zu haben. Von jedem auf dem Hof konnte man et- was lernen: Vom Geldautomatenaufspren- ger wie man am besten Geldautomaten aufsprengt und was man dabei nicht falsch machen sollte. Vom Drogendealer, welche Transportrouten wohl die besten waren und von dem jungen Mann, welche Soft- ware man wohl am besten benutzt, wenn man nicht gehackt werden möchte. Aller- dings habe ich die Befürchtung, dass viele der einsitzenden vermeintlichen Kriminel- len den Austausch im Gefängnis nicht zur Resozialisierung nutzen, sondern um neue Vorgehensweisen und neue Gelegenheiten für Straftaten auszubaldowern. Ein eher unangenehmer Nebeneffekt. Beim Hof- gang auch jemanden kennen gelernt, der einem verdeckten Ermittler der Polizei Drogen verkauft hat. Dumm gelaufen.

- 16:57 Essen und Einschluss

16.Tag in U-Haft (Mittwoch)

K eine besonderen Vorkommnisse heute, außer:

- Brief von meinen Eltern angekommen: Sie sind besorgt und stehen mir bei. Das schmerzt
- Ein schon angesetzter Termin für einen nächsten Besuch meiner Frau wird abgesagt und eine Woche nach hinten verlegt. Den Grund werde ich erst später erfahren: Sie darf mich nur alle 14 Tage 1x kurz sehen, nicht jede Woche
- Zum Mittagessen gab es Speckrouladen
- Meine leere Tabletten-Tüte habe ich im Büro abgegeben und hoffe nun auf eine Neulieferung von Tabletten gegen meinen Bluthochdruck

17.Tag in U-Haft (Donnerstag)

D er Anwalt kommt nochmal vorbei, eine Entlassung ist wohl nicht unmittelbar zu erwarten, doch dazu später:

- 06:46 Uhr: Wecken und Holen neuer Zahnpasta im Schließer-Büro
- 07:00 Uhr: Einschluss
- 09:00-10:45 Uhr Rechtsanwaltstermin: Im Gegensatz zu Verwandten können Rechtsanwälte so oft und so lange mit einem reden, wie man möchte – im Rahmen zur Verfügung stehender Raumkapazitäten versteht sich. Eine Haftprüfung wird verschoben, Haftbeschwerde wird eingelegt. Dies halten wir für den zielführenderen Weg. Wir gehen davon aus, dass das in der ersten Instanz vom Amtsgericht abgelehnt wird und erst in der nächsten Instanz durchgeht. Genauso sollte es später auch kommen. Ich sagte noch: Beim Amtsgericht kennen die sich doch alle, da hackt doch eine Krähe der anderen kein Auge aus. Erst in der nächst höheren Instanz könne man damit rechnen, dass das Vorgehen noch einmal wirklich unabhängig geprüft wird. Der Anwalt sah das naturgemäß differenzierter, aber im Ergebnis hatten wir dieselbe Erwartung.
- Der Anwalt hatte schon mit dem Staatsanwalt telefoniert, in den Akten gab es immer wieder neue Korrekturen von Einschätzungen der ermittelnden Behörden, die teilweise *zurückrudernden Charakter* hatten. Die Staatsanwaltschaft war offensichtlich aber immer noch überzeugt, einen gaaaaanz großen Fisch an der Angel

zu haben. Viele Ermittlungsansätze verliefen im Sand.

- 11:45 Uhr: Essen …und meine Wäsche kam gewaschen zurück. Gewaschen, aber nicht gebügelt. Meine Oberhemden waren jetzt zwar sauber, aber im Wäschenetz völlig zerknittert. Hmmm…auf einen Bügel hängen ging nicht, weil ich schlichtweg in dieser Zelle keinen Bügel hatte. Das ist nicht vorgesehen. Konnte ich aber das nächste Mal auf eigene Kosten bestellen….
- Ich schrieb noch einen Brief an die Eltern,- an meine Frau schrieb ich ohnehin jeden Tag.
- 14:30 Uhr: Aufschluss: Ich beantrage nochmal schriftlich einen Friseurtermin, da der Schließer meinen alten Antrag weggeschmissen hatte. In ca. einer Woche soll ein Friseur ins Gefängnis kommen, der dann allen Gefangenen, die ihn bezahlen können (5 Euro), die Haare schneidet. Das Geld muss auf einem JVA-Konto sein, welches die JVA für jeden Gefangenen führt. Bargeld darf man ja in der JVA nicht besitzen. Der Friseur hat wohl einen Vertrag mit mehreren Gefängnissen und darf dann überall den Gefangenen die Haare schneiden. 5 Euro empfand ich als human.
- 15:30-16:30 Uhr Hofgang
- 16:55 Uhr: Abendessen-Ausgabe und Einschluss. So langsam finde ich die

Abendessengestaltung etwas eintönig: Jeden Tag Brot und Wurst und Brot und Wurst und Brot und Wurst. Auch wenn die Brot- und Wurst-Sorten wechselten, fehlte doch etwas die Abwechslung. Auch wenn es ab und zu statt Wurst Käse gab.

Man konnte übrigens beim Essen auch Sonderwünsche angeben wie vegetarisch, vegan oder koscher. Wurde alles erfüllt. Aber so wie ich das sah, war das noch langweiliger.

18.Tag in U-Haft (Freitag)

Und wieder geht eine Woche zu Ende und ich sitze noch in diesem altertümlichen Bau. Mein Geduldsfaden ist aber lang. Irgendwann wird jemand einsehen, dass ich hier falsch bin und ich komme raus. Nur eine Frage der Zeit. Für den Fall der Einsichtsresistenz beginne ich, mich damit zu beschäftigen, mir Gedanken zu machen, wen ich denn wohl einmal anschreiben könnte, dass er sich mit meinem Fall beschäftigt… mir fällt eine lange Liste ein:

- Justizminister Baden-Württemberg
- Bundesjustizminister
- Amnesty International
- Deutsches Rotes Kreuz
- Bürgermeister von Freiburg

- Präsident des Europaparlaments
- Gregor Gysi
- Bundespräsidenten
- Die Frau von George Clooney (UN)
- Und und und…
- Bundestagsabgeordnete des Wahlkreises

Ich bin sicher, die meisten hätten sich sicher mein Anliegen nicht zu ihrem gemacht, aber einige dürften doch wenigstens eine Anfrage an die Staatsanwaltschaft senden. Ich lasse meine Frau die Anschriften heraussuchen, um gewappnet zu sein, falls der Rechtsweg wider Erwarten nicht funktionieren sollte.

Überdies hatte ich noch hervorragende Kontakte zu zwei TV-Magazinen, die das Thema vielleicht auch aufgegriffen hätten. Ansonsten ein Tagesablauf wie folgt:

- 06:46 Uhr: Wecken
- 11:47 Uhr: Essen (Freitags-Fisch)
- 13:00 Uhr: Ich bekam nochmal Wäsche von meiner Frau. Eine Pünktchen-Bettwäsche musste ich allerdings in der Kleiderkammer zur Verwahrung belassen, die war mir doch etwas zu feminin. Da hätte ich auch gleich mit einer rosa Hello – Kitty-Hose zum Hofgang gehen können. Sie hat es gut gemeint, ich wollte aber ausschließen, dass ich jemand Anlass

für Gehetze gebe. Ergo wurde die markante Streifenbettwäsche benutzt.

- 14:30 Uhr Aufschluss: Ich erhalte meine angeforderten Medikamente
- 15:30 – 16:30 Uhr: Hofgang: Unterhaltung mit jemandem, dem man vorwirft, Amazon gehackt zu haben. Er soll den Status der Bestellungen durch einen Hack auf bezahlt gesetzt haben. Hört sich für mich erstmal unwahrscheinlich an, aber nichts ist unmöglich. Es ist auch nicht meine Aufgabe, solche Geschichten auf den Wahrheitsgehalt zu überprüfen. Sie machen den Hofgang auf jeden Fall unterhaltsamer. Ich laufe beim Hofgang ca. 35 Minuten im Kreis und setzte mich dann auf eine der beiden Bänke. Aus drei Gründen:

1. Bekommt man sonst einen Drehwurm, wenn man eine Stunde nur im Kreis läuft
2. Hatte ich beobachtet, dass sich nach ca. 40 bis 45 Minuten die ersten hinsetzten, also tat ich das vorher, um einen Platz zu erwischen
3. Um zu demonstrieren: ICH sitze jetzt hier und stehe auch nicht auf, wenn ein noch so wichtig guckender Mitgefangener kommt. Da ist es wie bei Hunden: Man muss sein Revier abpinkeln.

Dennoch konnte ich bei Leuten, die mir sympathisch erschienen, auch mal nach einer Zeit, die sie stehen mussten, aufstehen und anbieten, dass sie auch mal sitzen durften, ich hätte jetzt lange genug gesessen. Das gab Sympathiepunkte. Die Methode der Respekterarbeitung hat funktioniert. Das ist im Knast existenziell wichtig.

Neben dem Hofgang-Rundfeld war auch eine Art Basketball-Platz, wo andere Gefangene mit einem Basketball *Fußball* spielten. Ich empfand das als gefährlich, da Basketbälle schon ziemlich hart sein können. Die hatten aber Spaß und mussten sich offenbar abreagieren. Da ich bei Ballsportarten noch nie besonders glänzte (allenfalls durch Eigentore), beteiligte ich mich nicht daran. Ohne Deo Sport zu betreiben, ist aus meiner Sicht eine nur begrenzt sinnvolle Entscheidung. Später hatten die Schließer nur noch Softbälle aus Schaumstoff – wie für kleine Kinder – ausgehändigt, damit eben niemand einen harten Ball vor den Kopf bekommt. Die schwarzen Gefangenen – und davon gab es einige – spielten am besten Basketball, - warum auch immer. Die meisten von Ihnen machten einen recht freundlichen Eindruck. Was sie im Einzelnen gemacht haben sollten, wurde mir nur von einigen zugetragen: Drogenhandel und Körperverletzungen war wohl neben Sexualdelikten der häufigste Vorwurf, dem sie ausgesetzt waren.

- 16:55 Uhr: Abendessen und Einschluss

19.Tag in U-Haft (Samstag)

Die Bestellung meines Wasserkochers sollte heute zum Running Gag werden. Auch am 19.Tag meiner Anwesenheit in der JVA und damit fast 3 Wochen lang, war es den Herrschaften nicht möglich, mich mit einem Wasserkocher für warmes Wasser zu versorgen. Ich hatte also weder warmes Wasser zum Waschen, noch welches für warme Getränke wie Kaffee oder Tee. Was war daran bloß so schwierig?

Da ich ja immer noch nicht in der Gruppendusche duschte, musste ich mich in meiner Zelle mit dem **kalten Wasser** waschen incl. Haarwäsche. Kaltes Wasser auf dem Kopf – das mag nicht jeder. Ich z.B. mag das überhaupt nicht. Aber auch hier half die Imagination: Ich stellte mir schlichtweg vor, ich wäre auf einer kleinen Insel wie im Film „Die blaue Lagune" und hätte das Vorrecht, im Sommer unter einem herrlich-erfrischenden Wasserfall zu duschen. Frisches, kaltes Quellwasser. Und schon war aus der Strafe des eiskalten Kranwassers das Vorrecht einer erfrischenden Naturwasserfall-Dusche geworden. Es hat funktioniert. Auch, wenn ich mir den kleinen Wasserfall aus einem schäbigem Blechschüsselchen über den Kopf gießen musste, da ich den Kopf konstruktionsbedingt nicht direkt unter den Hahn halten konnte. Dafür war der Kopf zu groß…

Alles eine Frage der Willenskraft und der Vorstellung. Ich konnte mir vorstellen, ich liege am

Strand und gucke in den Himmel, obwohl ich auf einer hässlichen Plastikmatratze im Gefängnis lag und ich konnte mir ebenso vorstellen, dass ich unter einem tropischen Wasserfall duschte, obwohl ich direkt neben dem Zellenklo kaltes Wasser über dem Waschbecken auf meinen Kopf kippte. Vorstellungsvermögen ist halt alles. Es half.

Ansonsten war dieser Samstag der Tag der Einkaufs-Auslieferung. Solche Samstage liefen etwas anders ab als gewöhnlich:

- 08:09 Uhr: Zellenauf- und -zuschluss
- 09:30-10:30 Uhr: Hofgang
- 11:29 Uhr: Essen (Spaghetti und Salat) und Einschluss
- 13:35 Uhr: Tür geht auf und die Bestellnummern werden aufgerufen: Jeder Gefangene, der etwas bestellt hat, bekommt einen bereits vorkonfigurierten Plastikkorb mit seinen bestellten Waren, die ein Edeka-Markt gebracht hat, so auch ich. Ich freue mich wie ein kleines Kind über die Sachen: Getränke, etwas Süßes, Rasierer, Rasierschaum (hatte ich bis dato nicht), Tee, Schreibpapier, Briefmarken und ein bisschen Kleinkram. Was fehlte, war der bestellte Wasserkocher. Ich monierte das und bekam zur Antwort: Die sind doch im Keller, die bekommen Sie dann Montag im Keller.
- Die Wasserkocher sind also da, wo ich sie beim „Einchecken" vor ca. 3 Wochen auch bereits gesehen habe: im Keller. Die waren nur alle nicht in der Lage, eine

Organisationsform zu finden, die mir ein solches Prachtexemplar in Plastik auch in der Zelle zugängig gemacht hätte. Ich konnte nicht verstehen, wie man so **unfähig** sein konnte. Aber ich wunderte mich nur. Mich über andere Leute zu ärgern, hatte ich schon lange aufgegeben. Ich wunderte mich nur. Vorteil: *Wundern ist viel entspannter als Ärgern.* Hilft auch beim Autofahren: Wenn man sich über andere ärgert, ärgert man sich immer auch selbst und erzeugt negative Energie. Besser ist es, sich zu wundern und zu schmunzeln: Das erzeugt positive Energie. Ich schmunzelte also über so viel Unfähigkeit, leerte den Plastikkorb in meiner Zelle aus und brachte ihn zurück zum Edeka-Menschen. Dann wurde ich wieder eingeschlossen. Mittags um kurz vor 14 Uhr bis zum nächsten Morgen. Am liebsten hätte ich alles auf einmal gegessen und getrunken, was ich bestellt hatte, - teilte mir das aber ein, weil ich wusste, ich kann erst in einer Woche für noch eine Woche später wieder etwas bestellen. Wenn ich dann noch dort wäre...

20.Tag in U-Haft (Sonntag)

Die Besonderheit des heutigen Tages war die Gurke, die es zusätzlich zur Wurstscheibe beim Abendessen gab. Man freut sich ja schon über Kleinigkeiten:

- 08:02 Uhr: Wecken: Tür auf und wieder zu
- 11:30 Uhr: Essen (Schnitzel, Nudeln, Tomate), eigentlich lecker. Wie ein „Sonntags-Essen"
- 13:28 Uhr: Hofgang, aber ohne mich. Ich lasse mich lieber eingeschlossen und schaue fern.
- 14:30 Uhr: Tür wird aufgeschlossen, ich ziehe sie wieder zu
- 15:01: Abendessen: Brot mit Salami plus eine Gewürzgurke, ein purer Luxus. Einschluss

21.Tag in U-Haft (Montag)

Heute sollte ich endlich die Haare geschnitten bekommen. Ein witziges Erlebnis, aber nach 21 Tagen in U-Haft auch einmal notwendig. Fingernägel und Haare hören ja in der U-Haft nicht auf zu wachsen…

- 06:45 Uhr: Wecken und Gang zum Stockwerksbeamten: Dort liegt eine Kopie meiner vom Anwalt eingelegten Haftbeschwerde, die er an das Amtsgericht gesandt hat. Ich gebe den Brief an meine Frau ab, in der ich sie bitte, mir diverse Adressen für eine mögliche Einschaltung prominenter Zeitgenossen herauszusuchen.
- 07:00 Uhr: Einschluss
- 11:47 Uhr: Essen (Wienerle, Nudeln, Salat)
- 14:16 Uhr: Aufschluss
- 14:30 Uhr: Die Stockwerksbeamtin teilt auf Nachfrage mit, dass ich irgendwann die nächsten Tage zum Friseur gerufen werde, der sei jetzt wohl da. Genaue Zeitplanung: Fehlanzeige.
- 15:00 Uhr: Der Friseur ist da, ich soll kommen. 2 Handvoll Männer wollen die Haare geschnitten haben. Einige schickt er wieder weg, da die kein Geld auf dem Gefängnis-Konto hatten. Es fehlten ihnen die 5 Euro. Ohne Moos nichts los. Einige Zeitgenossen geben ihr ganzes Geld für Zigaretten aus, dann bleibt halt nichts mehr für den Friseur.
- Der Friseur schneidet die Haare in einer Art Besprechungszimmer. Ohne Wasser, ohne Waschbecken, - einfach mit dem Stuhl am Schreibtisch. Er wirkt etwas kauzig, raucht beim Haareschneiden und sieht aus, als wenn er im Auto geschlafen

hätte. Er erzählt, dass er den Generalvertrag für mehrere Gefängnisse in Baden-Württemberg hätte. Er würde diesen gerne verkaufen für einen fünfstelligen Betrag, findet aber keinen, der das machen möchte, also macht er es weiterhin selber. Er schneidet in fünf Minuten mit der Maschine. Es hat etwas von Schafe scheren, sieht aber ganz o.k. aus. Jetzt weiß ich wenigstens, warum Gefangene in Fernsehfilmen, wie Gefangene aussehen: Weil sie geschoren werden, wie Schafe, da man für 5 Euro natürlich nicht 45 Minuten mit der Hand einen Kopf schneiden kann. Er muss ja auch kaufmännisch denken.

- 15:30-16:30 Uhr: Hofgang mit frisch geschnittenem Kopf: Die Haarspitzen jucken überall.
- 16:54: Essen und Einschluss. Es gab wie immer: Wurst

22.Tag in U-Haft (Dienstag)

Den Sohn eines Prominenten sollte ich heute beim Hofgang treffen. Ein cleverer Junge, dessen Vater der Besitzer einer relativ großen, bundesweit bekannten Firma ist, der auch Freude daran hat, seinen Reichtum mit schnellen Autos zu zeigen. Ob bei der Betreuung des Aufwuchses der gezeugten Kinder alles optimal gelaufen ist, darf in Frage gestellt werden, aber wir sind alle nur Menschen. Der Junge war Anfang 20, eigentlich auch intelligent und freundlich, aber ziemlich schmächtig. Das machte ihn zum Opfer auf dem Hof. Er zeigte mir seine Hämatome, die er vom Verprügeln bekommen hatte – sagte er. Ich war ja nicht dabei gewesen. Merkte aber, wie er auch dem Hof als Hurensohn, Bastard und Schwuchtel beschimpft wurde. Von gleich mehreren Mitgefangenen, wobei sich einer besonders hervortat, der auf mich den Eindruck eines an ADHS erkrankten Erwachsenen machte und einen Migrationshintergrund aufwies. Des Weiteren sollte ich am 22.Tag meiner Haft endlich einen Wasserkocher bekommen. Der Wasserkocher musste erst mehr als 3 Wochen im Keller reifen, bevor er den Weg zu mir fand:

- 06:45 Uhr: Wecken und Tür auf
- 06:49 Uhr: Abgabe schmutziger Wäsche im Wäschenetz beim Stockwerksschänzer
- 07:08 Uhr: Einschluss
- 10:30 Uhr: Ein Beamter führt mich zur Kleiderkammer: Ich könnte mir meinen Wasserkocher dort abholen, den ich schon lange beantragt hatte und der seit Wochen im Keller stand. Ich frage mich, warum das Anschlusskabel so kurz ist. Die Antwort war „Damit ich mich damit nicht erhänge". Derselbe Grund, warum man mir meinen Gürtel abgenommen hat. Der Fernseher, den ich ausgeliehen hatte, hatte allerdings ein rund zwei Meter langes Kabel. Zum Aufhängen hatte ich also weder

Wasserkocher noch Gürtel gebraucht. Es wäre auch mit dem TV-Kabel gegangen oder mit der Bettwäsche, aber mit solchen Gedanken habe ich mich nicht beschäftigt. Ich musste nur schmunzeln. Wenn man den Wasserkocher auf die hinterste Ecke des Tisches gestellt hatte, reichte das Kabel bis zur Steckdose. Ging doch...

- 11:46 Uhr: Essen (Nudeln mit einer Art Carbonara-Sauce und Salat). Für die Sauce wäre ein Kochgeselle sicher durch die Prüfung gefallen, aber sie war warm

- 13:37 Uhr: Der Leiter des Traktes steht vor meiner Tür und öffnet diese. Er möchte sich die Zelle einmal von innen angucken, ob man da vielleicht etwas streichen müsste, ...ob die noch zumutbar ist. Gerne lasse ich ihn herein, habe ja auch keine Alternative. Meine Zelle ist vermutlich eine der saubersten in der ganzen Anstalt gewesen: Ganz wenig Schmierereien an den Wänden, - wohl hatte der Anstrich schon bessere Tage erlebt, aber im Vergleich zur Zelle aus der Schubabteilung am Anfang war das schon fast Premium-Klasse. Die Vorhänge vor dem Fenster und vor der Toilette sahen so aus, als wenn die besten Tage schon lange vorbei waren, aber ich war ja auch im Gefängnis und nicht im Adlon.

- 14:30 Uhr: Aufschluss: Ich sende einen Brief an meine Tochter und erhalten einen vom Rechtsanwalt. Irgendein Kunde will mich privat verklagen. Ich leite das mit Kommentar an meinen Anwalt zurück.

- 15:30-16:30 Uhr: Hofgang mit dem Promi-Sohn aus einer Umland-Gemeinde. Hochinteressante Geschichten werden mir erzählt. Was die Polizei alles glaubt, was er gemacht haben soll und warum er glaubt, dass er das alles nicht gewesen war. Er wird mir später seine ganze Akte zeigen, in dem seine Anwälte diverse Strafvorwürfe zurückweisen können. Mit seinem Vater hat er wohl ein ambivalentes Verhältnis, - auch bei ihm hat die Polizei wohl einen „Hausbesuch" abgestattet, was nur auf bedingte Freude gestoßen ist. Er erzählt mir Details zur Firma des Vaters, die ich aus eigener Geschäftstätigkeit sofort innerlich verifizieren konnte, - er schien also die Wahrheit zu erzählen. Andere Insassen warnten mich vor ihm. Er sei ein Spinner und Lügner, denke sich Geschichten aus.

- Kann ja sein, dachte ich mir, aber dann gehört er in Behandlung und nicht hierher. Er war wohl auch schon in Behandlung. Auch Geld schützt nicht vor psychischen Krankheiten. Nicht das eigene Geld und nicht das Geld des Vaters. Aktuell war er in Verhandlungen mit der Justiz, ob er nicht entlassen werden könne, wenn er sich in eine Klinik begebe.

- Er empfahl mir, für Emails zukünftig nur noch einen Provider in der Schweiz zu wählen, von dem Behörden keine Auskünfte erhalten und zeigte mir das später in seinen Akten. Web.de, gmx.de und wie sie alle hießen, hatten seine email-Konten auf Nachfrage der Staatsanwaltschaft alle offen gelegt, der Schweizer Anbieter nicht. Da ich keine Internetkriminalität plante, ein nur begrenzt sinnvoller Tipp. Alleine, damit auch andere Kriminelle meinen Account nicht hacken konnten, wechselte ich nach Haftentlassung später in der Tat zu diesem Provider.

- 16:55 Uhr: Essen und Einschluss

23.Tag in U-Haft (Mittwoch)

Wie erwartet erhielt ich heute die Ablehnung meiner Haftbeschwerde. Ich hatte ein Sixpack Rotkäppchen darauf gewettet, dass wir das in erster Instanz verlieren. Bei einer Haftbeschwerde prüft das Gericht, das vorher den Haftbefehl verhängt hat, ob das, was es getan hat, denn so richtig war. Wie erwartet, wollte man sich keine Blöße geben und hielt am Haftbefehl fest. Auf die Beschwerde wurde überhaupt nicht eingegangen, sondern wahrheitswidrig stand lapidar in der Ablehnung sinngemäß „Die im Haftbefehl aufgeführten Gründe haben unverändert Bestand". Dass ich gar nicht wie im Haftbefehl erwähnt ledig oder geschieden, sondern verheiratet war, wurde nicht gewürdigt. Dass ich eine intensive Bindung an die

Familie hatte und nicht wie erwähnt „keine ausreichende Bindung" wurden ebenso wenig erwähnt. Dass meine Tochter tatsächlich gar nicht nach Mexico auswanderte, wurde auch nicht gewürdigt und schlussendlich war es auch egal, dass die Polizei mir bis dato noch nicht einmal die Unterschlagung auch nur eines einzigen Cents nachweisen konnte. Die Beschwerde wurde einfach abgeschmettert. Ich konnte mich des Eindrucks nicht erwehren, dass hier gemauschelt wurde, bzw. der bequeme Weg gegangen wurde. Ich hatte es allerdings auch nicht anders erwartet. Wunderte mich nur, dass so etwas in Deutschland möglich ist. Ich hatte es im Berlusconi-Land erwartet, aber nicht vom Amtsgericht Freiburg. Gerechtigkeit scheint einen großen Interpretationsspielraum zu lassen. An objektiven Kriterien war eindeutig festmachbar, dass gleich mehrere Punkte im Haftbefehl schlichtweg nicht stimmten. Dies wurde in der Ablehnung aber erst gar nicht thematisiert. So einfach ist das. Wie objektiv oder befangen eine Beschwerdebearbeitung sein kann, wenn einfach ein Kollege des Richters darüber befindet, mit dem er vielleicht jeden Mittag essen geht, wollte ich erst gar nicht hinterfragen.

- 06:46 Uhr: Wecken und Aufschluss
- 06:48 Uhr: Ich kann meine Post an meinen Rechtsanwalt nicht absenden, da in dem Stockwerksbüro keine Umschläge mehr erhältlich sind. Schade eigentlich. Ich sagte dem Beamten nur

„Schade, aber ich bin sicher, dass die bei Gelegenheit wieder auftauchen"

- 07:03 Uhr: Einschluss
- 07:48 Uhr: Die Tür geht auf und ein Beamter bringt mir den benötigten Über-Umschlag für die Verteidiger-post, damit ich meinen Rechtsanwalt anschreiben kann. Sehr nett. Ich freue mich.
- 11:47 Uhr: Essen (Leber, Reis, Kraut-salat)
- 14:30 Uhr: Aufschluss und Erhalt der Ablehnung der Haftbeschwerde – ohne vernünftige Begründung, ohne Eingehen auf den Beschwerdeinhalt
- 15:30-16:30 Uhr: Hofgang: Ich unter-halte mich mit mehreren anderen Ge-fangenen und lerne, dass einige schon länger als 6 Monate hier sind, obwohl U-Haft maximal 6 Monate andauern soll. Darüber lachen hier alle. Es ist halt eine „Soll"-Bestimmung. Ein Richter schreibt dann, warum es bes-ser ist, die 6 Monate zu überschreiten und dann ist man auch länger als 6 Monate in U-Haft. Gerne auch ohne Prozess oder ohne Anklage
- 16:55 Uhr: Essen und Einschluss

24.Tag in U-Haft (Donnerstag)

Meine Frau kommt heute zu Besuch. Sie darf ja nur alle 14 Tage einmal eine halbe Stunde vorbeikommen. So ganz verstehe ich das nicht. In allen Gesetzen und Verordnungen steht, dass die Resozialisierung und Wieder-Integration von Gefangenen das oberste Ziel ist...und dann lässt man einen Gefangenen nur alle 14 Tage 30 Minuten mit seiner Frau sprechen? Das sind im Jahr 26x 30 Minuten = 13 Stunden, die er seine Frau sehen darf. Man beschränkt den Kontakt zu seiner Frau auf 13 Stunden im Jahr. Wenn das mit dem Ziel einer Resozialisierung optimal vereinbar ist, fresse ich einen Besen.

- Tagesablauf wie üblich...
- Meine Frau macht eigentlich den Eindruck, dass sie in guter Verfassung sei, aber hinterher erfahre ich, dass sie extra vorher beim Friseur war und sich so geschminkt hat, dass sie gesund aussieht. Eigentlich leidet sie wie ein Schlosshund. Meine Tochter hat die Inhaftierung auch nicht vertragen, Sie leidet und ist enttäuscht von ihrem Vater. Anrufen kann ich sie nicht. Darüber sprechen geht auch nicht. Was auch immer in ihrem Kopf vorgeht.
- Nachmittags erhalte ich ein Insolvenzgutachten der Insolvenzverwalterin. Ich soll es in der Zelle prüfen, ohne

dass mir irgendwelche Unterlagen dazu vorliegen. Wie witzig. Aber aus dem Kopf fallen mir gleich mehrere sachliche Fehler auf, die objektiv FALSCH sind. Ich wundere mich, dass die Insolvenzsachverständige den Sachverstand hatte, Zeiträume zu beurteilen, zu der ihr die Buchungsunterlagen gar nicht vorlagen. Ich hatte diese Insolvenzverwalterin wegen Befangenheit abgelehnt, - das Gericht hat sich darüber hinweggesetzt, obwohl es vorher selber 2 Anwälte aus gleichem Grund abgelehnt hatte. Schon witzig. Ein wenig Absurdistan: Das Gericht benannte zuerst 2 andere Anwälte als Insolvenzverwalter, die sich beide wegen eines früheren Kontakts zu mir als befangen erklärten. Das Gericht entband diese dann. Als ich dann erklärte, dass die dritte Anwältin auch befangen ist, weil es dort genauso einen Kontakt vorher gab, wurde dies allerdings vom Tisch gewischt. Mein Blick auf den Rechtsstaat litt etwas. Das „Gutachten" war für mich tendenziös und enthielt sachliche Fehler. Mein erster Ansatz war, dies dem Gericht selber mitzuteilen, - im zweiten Ansatz schrieb ich auf, was mir aufgefallen war und teilte dies meiner Anwältin mit, die sich dann damit auseinandersetzte. Ein

Antrag ihrerseits, dass man mehr Zeit für die Prüfung bräuchte, weil ich im Gefängnis sitze und keine Unterlagen zum Vergleichen dort hätte, wurde abgelehnt. Bemerkenswert, fand ich. So langsam denke ich, ein wenig Berlusconi ist auch in Deutschland.

25.Tag in U-Haft (Freitag)

Heute versuche ich zum ersten Mal mit meiner frisch erhaltenen Telefonkarte zu telefonieren. Ja, auch das kann man im Gefängnis: Telefonieren. Allerdings nur arg eingeschränkt. Zunächst musste ich eine Art Prepaid-Telefonkarte beantragen, die dann ausgehändigt wird. Bei der Beantragung muss man schon die Rufnummern angeben, die man anrufen möchte. Ich gab meine Frau und meinen Rechtsanwalt an. Da ich nunmehr die Karte ausgehändigt bekommen habe, wollte ich heute – am 25.Tag meines Aufenthalts – doch auch erstmals telefonieren. Das Telefon hängt ein Stockwerk tiefer auf dem Flur. An der Wand. Dort, wo während der Zeit der offenen Türen der Zellen auch immer andere Gefangene herumstehen und jedes Wort mithören. Privatsphäre Fehlanzeige. Ich also runter zu dem Telefon. Schade: Dort hängen zwar zwei Telefone, aber beide sind durch ausländische Mitbürger besetzt. Irgendwann wird eines frei und ich probiere, meinen Anwalt anzurufen. Gelingt auch.

Zumindest die Vorzimmerdame, - der Anwalt selber ist in einer Besprechung. Tja, das wird dann wohl heute nichts, weil gleich wieder Einschluss ist. Ich probiere noch, meine Frau anzurufen, aber das funktioniert nicht. Das Gespräch wird gar nicht durchgestellt. Auf Nachfrage erfahre ich, dass ich solche Gespräche vorher anmelden muss, damit ein Gefängnisbediensteter mithören kann. Auch sehr schön. Was ein Elend. Mir wird klar, dass ich jeden Tag immer nur ein bestimmtes Zeitfenster habe, wo ich überhaupt nur die Chance habe, mit meiner Frau oder dem Anwalt zu telefonieren. Und die müssten dann zufällig auch gerade nicht unter der Dusche stehen oder sonst wie verhindert sein. Alles nicht so einfach....

Der Rechtsanwalt war morgens auch persönlich da, wir haben diverse Dinge persönlich besprochen. Das Insolvenzgutachten, was ich kürzlich vom Amtsgericht zur Stellungnahme erhalten hatte, habe ich ihm mit meinen Stellungnahmen zu sachlichen Fehlern überreicht. Mehrere DIN A4 – Seiten Fehler und Fragwürdiges kam da zusammen.

Er rechnet mit einer Landgerichts-Entscheidung in meiner Haftsache in der Folgewoche. Nach menschlichem Ermessen ist von einem Haftende auszugehen. Abwarten. In Deutschland ist Rechthaben und Recht bekommen nicht immer deckungsgleich.

Abends gibt es Sardinen zum Abendessen. Es hat schon etwas Mediterranes. Allerdings auf deutschem Brotfabrik-Massen-Graubrot, was den Geschmack etwas eintrübt...

Ansonsten ein Tag wie jeder andere auch: Aufstehen, Frühstück, Warten auf das Mittagessen, Essen, Warten auf den Aufschluss, dann Hofgang, dann Abendessen und Einschluss.

Nur, dass heute erstmals ein Telefonierversuch gestartet werden konnte. Die Frau habe ich leider nicht erreicht.

26.Tag in U-Haft (Samstag)

So langsam merke ich, dass die Haft auch körperliche Auswirkungen hat. Neben dem positiven Effekt, dass ich in den 26 Tagen ca. 9 Kilo abgenommen habe, wird meine Haut trocken und spröde. Fingernägel dito. Ob dies ein Zeichen von Mangelernährung, fehlendem Sonnenschein oder mangelnder Körperpflege ist, kann ich nicht beurteilen. Die Lippen reißen, die Haut auf den Händen wird brüchig. Ich beschließe, bei der nächsten Bestellrunde einen Labello und eine Creme zu bestellen.

- 08:05 Uhr: Wecken und Tür wieder zu
- 09:25 Uhr: Mal was ganz Neues: **Stromausfall** im gesamten Trakt. Der Fernseher geht aus. Die Gefangenen

schrein sich das gleich durch die Fenster zu, um festzustellen, welche Gebäudeteile betroffen sind. Innerhalb von Sekunden hat man so den Überblick. Es gibt allerdings Wichtigeres als TV. Alle nehmen das gelassen. Nach 10 Minuten hat jemand die Ursache beseitigt oder die Sicherung wieder reingemacht. Der Fernseher läuft wieder.

- 11:15 Uhr: Mittagessen (Würstchen, Spätzle und Linsensuppe). Ich werde nie verstehen, warum das Essen in Krankenhäusern und im Gefängnis so früh kommt. Wer will um 11:15 Uhr schon Mittagessen?
- 13:25-14:30 Uhr: Hofgang
- 15:05 Uhr: Es gibt Teilchen und Käse zum Abendessen, Einschluss bis zum nächsten Morgen

27.Tag in U-Haft (Sonntag)

Jeden Tag habe ich bislang mindestens einen Brief geschrieben. Als ich dies heute Morgen wieder versuche, ist die Kugelschreibermine des einzigen Stiftes leer, den ich zur Verfügung hatte. Schade eigentlich. Zuhause nimmt man sich einen neuen Stift. In der JVA aber ein Problem, weil es gibt da nicht mal eben einen Laden, wo man das kaufen kann. Kommt mit auf die 14-tägige Bestell-Liste und ich versuche, von einem Schließer einen neuen zu erhalten. Er hat aber keinen, den er abgeben kann. Die Aufpasser, die als Stockwerksbeamte im Büro am Gangende sitzen, wechseln jeden Tag. Vermutlich, um Mauscheleien zwischen Gefangenen und Wärtern zu verhindern. Es ist noch gar nicht so lange her, da ist vor dem Gericht in Freiburg offenkundig geworden, dass offensichtlich bestimmte Häftlingsgruppen die Schließer erpressen, Gegenstände in die JVA zu schleusen, teilweise auch Druck auf Angehörige ausüben, - getreu dem Motto „Ich weiß, wo Dein Vater wohnt und Deine Tochter zur Schule geht". Sicherlich kein Phänomen, was Freiburg-speziell ist, sondern in ganz Deutschland ein Problem sein dürfte. Immer wieder poppt so etwas an der Öffentlichkeit auf. Häufig machen wichtige Belastungszeugen dann vor der letzten Instanz vor Gericht einen Rückzieher und können sich dann doch nicht mehr so genau erinnern. Aus welchem Grund auch immer.

Mir sind alle JVA-Bediensteten sehr freundlich entgegengekommen. Jeder im Rahmen seiner Möglichkeiten. Auch dort gibt es – wie im Bevölkerungschnitt – Intelligente und weniger Intelligente, Faule und weniger Faule, Leute, die es genau nehmen und die es weniger genau nehmen.

Fast ausnahmslos wurde mir jedoch mit Respekt und freundlich begegnet. Keiner hat versucht, gegen Bezahlung Sonderdienstleistungen zu erbringen. Ich habe es aber auch nicht verlangt.

Es mag in der JVA grobe Organisationsmängel gegeben haben oder Optimierungspotential in den Abläufen, aber die Mitarbeiter wurden offensichtlich im Umgang mit den Gefangenen fast vorbildlich geschult.

- 08:05 Uhr: Wecken und Tür wieder zu. Die Sonne scheint besonders schön heute. Der Himmel ist blau. Ich stelle mich wieder auf den Stuhl ans Fenster und sonne mich. Zumindest das Gesicht. Augen zu und sich vorstellen, dass man am Strand liegt. Es geht und das Gesicht wird warm von der Sonne. Fast wie am Strand. Nur anders. Stehend auf einem Holzstuhl vor einem vergitterten Fenster. Es gelingt mir, das auszublenden und nur die Sonnenstrahlen wirken zu lassen. Ich überlege, ob ich – wenn ich hier rauskomme – Kurse in Gelassenheit geben sollte. „Mit wenig zufrieden sein", „Auch aus unbefriedigenden Situationen das Beste herausholen" oder ähnlich.
- 11:15 Uhr: Mittagessen. Heute gibt es Cordon Bleu. Sonntags gibt man sich immer besonders Mühe. Eigentlich lecker. Aber aus der Blechschüssel. Hat etwa von Camping oder Bundeswehr. Auch das blende ich aus. Da muss ich jetzt durch.
- 13:30-14:30 Uhr: Hofgang, aber ohne mich. Die anderen brechen fast wie Tiere aus dem Käfig aus den Zellen heraus, wenn diese aufgeschlossen

werden. Ich werde dies auch weiterhin nicht tun, weil dies in meinem Unterbewusstsein sonst festsetzt, dass die Zeit in der Zelle furchtbar ist und man dann nur auf die nächste Öffnung wartet. Unterbewusstsein, dich werde ich überlisten...: Heute bleibe ich bewusst und selbstgewählt wieder in der Zelle, obwohl man mir den Hofgang anbietet. Es mag skurril klingen, hilft aber der Psyche besser mit der Situation fertig zu werden. Dadurch, dass ich mich selber entscheide, drin zu bleiben, ist es kein Zwang. Ich suche mir eine halbwegs interessante Fernsehsendung und schaue die. Im Fernsehen wird gerade nochmal der zweite Weltkrieg in allen Facetten ausgeleuchtet. Auch, wie die Amerikaner die Konzentrationslager entdeckten. Wieder ein Baustein für die Psyche: Das war wirklich schlimm damals. Im Vergleich dazu geht es mir wie Gott in Frankreich.

- 15:05 Uhr: Abendessen und ich gebe meinen Bestellschein für die Supermarkt-Bestellung ab: Kulis, Schreibpapier, Briefmarken, Labello und (weil es billiger ist) eine Handcreme, mit der ich spröde Hautstellen versorgen will. Dazu ein bisschen Cola-Light, auch wenn es ungesund ist, Kaffeeweißer und Kleinkram hier und da. Eine Pinzette, weil die Haare aus den Ohren wachsen. Nicht so schön, will ja nicht wie Catweazle aussehen. Ich denke darüber nach, ob ich wohl, wenn das Zeugs nächstes Wochenende kommt, überhaupt noch da sein werde… egal, dann sollen die das Bedürftigen schenken…

28.Tag in U-Haft (Montag)

Mit Heiterkeit nehmen es die Schließer auf, dass ich offensichtlich die meiste Post in der ganzen JVA bekomme. Für unseren Trakt kann ich das selber überblicken, da die Post für alle Gefangenen in einem Sortierkasten liegt, den ich einsehen kann. Die anderen Fächer sind oft leer. Bei mir ist jeden Tag etwas drin. Manchmal ist auch mehr Post da, als reinpasst, dann bringt es mir der Beamte auf die Zelle oder ruft mich separat in sein Büro. Man hat den Eindruck, die Schließer freuen sich mit mir, dass so viele „draußen" an mich denken. So auch heute: Ich erhalte Schreiben von Eltern, Geschwistern, Frau und Freunden. Alle Briefe müssen von den Schließern überprüft werden, ob nicht z.B. im Umschlagfutteral Drogen versteckt sind o.ä. Die Briefe wurden auch schon von der Staatsanwaltschaft „vorgelesen" und geprüft, bevor ich sie erhalte. Was die alles lesen müssen. Wieviel Beamte dort wohl damit beschäftigt sind, die Korrespondenz von Gefangenen zu lesen. Auch ein schöner Beruf, denke ich mir…

Ich erhalte von einem Beamten einen Kuli geschenkt und kann auch wieder selber schreiben. Gottseidank. Eine Woche ohne Briefe hätte meine Frau sonst nicht verstanden.

Die Briefmarkenversorgung klappt wunderbar. Ich hatte meine Frau gebeten, mir immer wieder Briefmarken mit in die Umschläge zu stecken. Bis zu drei Briefmarken pro Brief sind erlaubt. Die Höchstanzahl an Briefen pro Tag ist aber in dem Beschluss nicht geregelt. Sie könnte mir also auch 10 Briefe am Tag mit je 3 Briefmarken zusenden, denke ich mir… aber dafür gibt es sicher auch wieder eine Spezialregelung, damit man die Briefmarken im Gefängnis nicht als Geldersatz benutzt, um Handel unter den Gefangenen zu betreiben. Das ist nämlich verboten.

Heute gibt es Nudeln mit Sauce. Wenig einfallsreich, aber warm.

Ich gebe eine weitere Stellungnahme zum Insolvenzgutachten zur Anwaltspost. Alles aus dem Kopf, da ich ja keinerlei Unterlagen oder gar EDV zum Abgleich zur Verfügung habe. Eine Fristverlängerung lehnt die Richterin am Amtsgericht ab, - eine solche hätte es mir erlaubt, das Gutachten mit vorliegenden Dokumenten zu vergleichen. Das ist offensichtlich nicht gewünscht. Ich empfinde das als ungerecht. Ein ungleicher Kampf. Ich soll aus dem Gefängnis zu etwas Stellung beziehen, wo mir die Grundlage schon nicht vorliegt

(Buchungsunterlagen, EDV-Auswertungen). Das hat sich ja jemand schön ausgedacht.

Ansonsten ein Tag wie jeder andere.

29.Tag in U-Haft (Dienstag)

Resozialisierung sei das oberste Ziel eines Gefängnisaufenthalts steht überall, auch in der Gefängnisordnung ganz vorne. Ich fühle mich gar nicht so, dass man mich überhaupt resozialisieren müsste. Für mein Gefühl müssten fast alle anderen hier resozialisiert werden, aber bei einigen ist das wohl eher schwer als leicht. Viele sind ja auch zum wiederholten Male hier. Ein Schließer sagt mir, dass 40 bis 60% der Leute über kurz oder lang nach der Entlassung wieder hier auftauchen. Ich weiß nicht, ob die Zahl stimmt, aber ich kann es mir bei einigen gut vorstellen, weil die auch auf dem Flur Streitigkeiten eher mit Gewalt lösen und „Hurensohn" und „Fick Dich" zum Standard-Wortschatz gehören. De-Eskalation geht anders.

Heute erfahre ich, dass nicht nur der Besuchskontakt meiner Frau auf 30 Minuten alle 14 Tage beschränkt ist, sondern auch das Telefonieren mit meiner Frau beschränkt ist. Heute habe ich sie telefonisch erreicht, wir haben uns beide gefreut, die Stimme zu hören. Ich verabschiedete mich mit „bis morgen", weil ich infantilerweise angenommen hatte, ich dürfte so oft wie ich wollte mit meiner Frau telefonieren. Das war aber eine irrige

Annahme. Ein Beamter belehrte mich nach dem Gespräch, das er mitangehört hatte, dass ich nur alle 14 Tage 10 Minuten mit meiner Frau telefonieren dürfte. Ich dachte erst, der nimmt mich auf den Arm, aber er meinte das ernst.

Hier muss man sich fragen, ob das zu einer Resozialisierung beiträgt, wenn man nur alle 14 Tage 10 Minuten telefonieren darf und nur alle 14 Tage für 30 Minuten Besuch bekommen darf.

Die Gefangenen sind also ganz überwiegend unter lauter Kriminellen und tauschen sich täglich aus, - häufig über kriminelle Machenschaften. *Der positive Einfluss durch Leute, die draußen sind, wird minimalisiert.* Wer erfahren will, wie man am besten einen Geldautomaten sprengt oder welche Drogenroute die beste ist, geht am besten in das Gefängnis. Hier gibt es das Wissen umsonst beim Hofgang. Ebenso wo man sich Waffen besorgen kann und woran man Zivilfahrzeuge der Polizei erkennen kann. Incl. Kennzeichenliste.

Ich wunderte mich immer über die Redseligkeit so mancher Gefangener beim Hofgang, habe bei einem der ersten Hofgänge gleich den Tipp von mehreren erhalten, über alles, was ich dort höre, zu schweigen. Zu schweigen gegenüber Schließern und allen Externen. Es bekommt einem nämlich nicht gut, wenn jemand erfährt, dass man etwas Belastendes weitererzählt hat. Das kommt gleich hinter Pädophilen im Knast: Die mag man auch nicht.

- 06:49 Uhr: Wecken und Wäschenetz abgeben, Eltern angeschrieben

- 07:05 Uhr: Einschluss
- 11:47 Uhr: Mittagessen: Heute gibt es nur Suppe. Hmmmm…
- 14:25 Uhr: Aufschluss
- 14:30 Uhr: Telefonat mit meiner Frau. Erst muss man das anmelden, damit der Beamte das freischaltet und mithören kann. Es tat gut. Beiden denke ich. Witzig ist, dass Sie am Vorabend, als ich dachte, dass sie jetzt bestimmt vor den Mauern steht, wirklich dastand und an mich gedacht hat… anschließend allerdings die Nachricht des Schließers, dass der nächste Anruf erst in 14 Tagen erfolgen kann und höchstens 10 Minuten dauern darf.
- Das Stockwerksbüro auf meiner Etage scheint heute geschlossen zu sein. Komisch. War sonst immer offen. Vielleicht haben die auch Personalnot.
- 15:30-16:30Uhr: Hofgang: Ein junger Gefangener erzählt mir, dass er jetzt einen Vormund/Betreuer bekommen soll, weil er nicht zurechnungsfähig sei. Ich denke, ist doch prima, dann war er es auch evtl. zum Zeitpunkt der ihm vorgeworfenen Taten nicht und kann dafür nicht belangt werden. Er selber sieht das wohl anders. Ganz schön viele Einzelschicksale hier. Ich denke noch, der ist eigentlich falsch hier, sondern braucht therapeutische Begleitung.

- 16:55 Uhr: Abendessen und Einschluss

30.Tag in U-Haft (Mittwoch)

Highlight des Tages: Es gibt neue Zahnpasta und eine neue Zahnbürste. Und ich lerne einen afghanischen Flüchtling kennen.

- 06:45 Uhr: Wecken, hole mir eine neue Zahnbürste (gibt's umsonst) beim Stockwerksbeamten. Zahnpasta hat er leider nicht mehr. Beantrage wieder neue Blutdruckmittel, da die alten ausgehen.
- 07:02 Uhr: Einschluss
- 11:45 Uhr: Essen
- 14:30 Uhr: Aufschluss, bekomme neue Zahnpasta und Rechtsanwaltspost meines Verteidigers, Kopien von Schriftsätzen an das Gericht.
- 15:30-16:30 Uhr Hofgang: Ich unterhalte mich mit einem Afghanen, der zu Fuß aus Afghanistan bis nach Deutschland gelaufen sein will, von wenigen Busstrecken abgesehen. Ein eigentlich netter junger Mann, der die Sauberkeit und Ordentlichkeit in Deutschland toll findet. Der arme

Tropf tut mir leid. Soll meines Erach-
tens gerne in Deutschland bleiben
dürfen. Allerdings soll er bei Streitigkeiten unter Asylbewerbern wohl zum
Messer gegriffen haben. Da läuft einer
zigtausend Kilometer, durch Wüsten
und vorbei an Banditen und Leuten,
die ihm nichts Gutes wollen. Dann
kommt er im gelobten Land an und
wird wegen einer Streitigkeit mit anderen Mitasylanten festgenommen.
Manchmal meint es die Wirklichkeit
nicht gut mit einem. Er tut mir leid,
aber ich kann die Situation, die zu seiner Inhaftierung geführt hat, nicht ab-
schließend beurteilen. Dazu müsste
man beide Seiten hören. In seinem
Land sei einfach Nichts. Es gibt keine
vernünftige Infrastruktur mehr, meinte
er. Keine richtige Gerichtsbarkeit,
keine vernünftigen Schulen und Uni-
versitäten. Und vor allen Dingen:
keine Arbeit.

- Auf der Flucht ist er mehrfach in
Wüsten oder sonst wo auf der Flucht-
route überfallen worden, hat Geld verloren. Seinen Pass und sein Smartphone konnte man ihm aber nicht abnehmen. Warum nicht, konnte er mir
nicht so richtig erklären.

31.Tag in U-Haft (Donnerstag)

Heute wird ausnahmsweise schon an einem Donnerstag der am Wochenende bestellte Einkauf entgegen genommen werden. Ein Highlight in der Woche. Ich werde Zeuge von Bedrohungen auf dem Hof. Wärter schreiten nicht ein. Manchmal ist Weghören das Bequemere.

- 06:42 Uhr: Wecken, Postabgabe etc. Ich verbrauche meine letzte Briefmarke für einen Brief an meine Frau. Jetzt habe ich keine mehr.
- 06:58 Uhr: Einschluss
- Ich sehe am Vormittag in der Sendung Bares für Rares eine Bekannte, die ihre Kostbarkeiten schätzen lässt. Die Welt ist klein, denke ich.
- Danach sehe ich im TV nochmal eine Zusammenfassung, wie Rechtsanwalt Schwenn einen Prozess für Kachelmann gewonnen hat. Man mag ja von dem Mann halten, was man will, aber in dem konkreten Fall ist mittlerweile offenkundig, dass die angeblich vergewaltigte Frau sich das ausgedacht hat, um ihm zu schaden. Dafür saß er im Gefängnis und dafür wurde er medial vernichtet – verlor alle wesentlichen Aufträge. Da ich selber aktuell in U-Haft einsitze und bereits der

Haftbefehl nachweislich sachlich falsch war, kann ich nachempfinden, was Kachelmann wohl denkt. Ich denke darüber nach, wie Staatsanwälte und Richter so irren können und ein so krasses Fehlurteil zustande bringen, was dann noch mit absoluter Selbstsicherheit vorgetragen wird – ohne Selbstzweifel. Was bringt einen Richter dazu, seinen eigenen „Eindruck" als den einzig richtigen einzustufen, wenn es sogar dagegensprechende Beweise gibt? Ist es der Mediendruck?

- 11:45 Uhr: Mittagessen
- 15:30 bis 16:30 Uhr: Hofgang. Ein eher schmächtiger Häftling wird von einem anderen kräftigen Häftling mit Migrationshintergrund bedroht „Ich stech Dich ab". Es ist 15:55 Uhr. Es stehen drei Wärter wenige Meter weiter und tun so, als wenn sie nichts gehört haben. Ich wundere mich.
- 16:55 Uhr: Ein anderer Häftling, der wohl in einer Zelle mit Mehrfachbelegung liegt und keinen Fernseher und keinen Wasserkocher hat, fragt mich, ob ich ihm meinen für einen Tag leihen kann. Ich bekomme Mitleid und leihe ihm den Wasserkocher. Laut Gefängnisordnung ist das verboten. Er hat höflich gefragt und keinen Druck

ausgeübt. Da ich weiß, wie doof das ohne Wasserkocher sein kann, soll er ihn haben.

- 17:00 Uhr Einschluss
- 18:55 Uhr: Tür geht auf und wir können den Einkauf abholen. Für mich ist alles bestellte da: Creme, Labello, Müsli, Nüsse, Briefumschläge, Briefmarken, Q-Tips, Ordner für die Korrespondenz, Locher etc. Man freut sich wie ein Schneekönig. Ich sehe, wie Gefangene Tabak aus dem Einkauf abholen und diesen gleich an andere abgeben. Auch das ist verboten. Tabak gilt im Gefängnis als Ersatzwährung. Da fast alle Gefangenen rauchen und die wenigsten sich ihr Geld und ihren Tabak den ganzen Monat einteilen können, lassen sich damit trefflich Geschäfte machen a la „Gib mir Dein Essen, gebe ich Dir Tabak". Eine Packung Tabak für 5 Euro kann hier drin auch 20 oder 50 Euro wert sein, - je nachdem wie süchtig jemand ist.

Ich beteilige mich nicht daran und bin froh, nicht zu rauchen. Das hat mir auch die Einzelzelle beschert, sonst wäre ich auch mit anderen Rauchern zusammengelegt worden. Es gibt zwar ohnehin einen rechtlichen Anspruch auf eine Einzelzelle, aber nur, wenn genug Platz da ist. Das ist praktisch in keiner deutschen JVA der Fall, weil fast alle überbelegt sind.

- 19:05 Uhr: Einschluss

32.Tag in U-Haft (Freitag)

Die anderen Gefangenen erzählen mir alle lang und breit, wie dämlich deren Anwälte sind, was die für Fehler machen und dass sich diese noch nicht einmal richtig in die Akten einlesen. Die meisten haben sogenannte Pflichtverteidiger, das sind Anwälte, die vom Gericht zugeordnet werden und eine eher niedrige Vergütung für die Tätigkeit erhalten. Pflichtverteidigung gehört daher häufig nicht zu den Lieblingstätigkeiten besserer Anwälte.

Ob die Schilderungen der Gefangenen immer so von Objektivität getrieben sind, bleibt dahingestellt. Jedenfalls bin ich froh, durch eine entsprechende Rechtschutzversicherung und einspringende Verwandte einen sogenannten **Wahl**verteidiger zu haben. Auch der kann natürlich nicht tausende Aktenseiten von vorne bis hinten lesen, aber ich merke in den Besprechungen, dass er sich intensiv mit dem Vorgang auseinandergesetzt hat. Er steht auch mit der Staatsanwaltschaft in

Kontakt, signalisiert Kooperationsbereit-
schaft. Am liebsten hätte man von dort
vermutlich ein Geständnis. Ich kann aber
nichts gestehen, was ich nicht gemacht
habe. Ich sehe mich immer noch zu Unrecht inhaftiert.

- 08:30 Uhr: Es gibt wieder einen
  Rechtsanwalts-Besprechungstermin
  im Besuchertrakt, ein Schließer bringt
  mich hin, erzählt mir auf dem Weg,
  was er vor seiner Tätigkeit bei der
  JVA gemacht hat. Er ist eigentlich
  sehr nett. Auch nur ein Mensch, der
  seinen Job macht.
- Vor dem Rechtsanwaltstermin muss
  ich kurz in einem Raum – eingesperrt
  mit einem Mitgefangenen aus Afrika
  – auf die Weiterführung in einen Be-
  sprechungsraum warten. Der Gefangene aus Afrika fingert sich hinter einer Fußleiste eine wohl dort ver-
  steckte Zigarette hervor und raucht
  diese – in der Nichtraucher-Warte-
  zelle. Die Kippe versteckt er hinterher
  wieder hinter der Fußleiste. Die War-
  tezellen-Tür geht auf und es passiert,
  was passieren musste: Die Schließerin
  riecht den Rauch und fragt, wer von
  uns beiden geraucht hat. Der dunkel-
  häutige Raucher verneint dies für sich,
  was gleichzeitig eine Beschuldigung
  meinerseits beinhaltet. Es war

derselber Gefangene, dem ich hier vor ein paar Tagen aus Mitleid eine Tafel Schokolade geschenkt habe. Undank ist der Welten Lohn… Ich versichere der Schließerin, dass ich Nichtraucher sei und es daher eher unwahrscheinlich wäre, dass ICH geraucht hätte. Wenn ich es nicht war, stelle ich es in ihr Ermessen, wer es sonst gewesen sein könnte. Sie sucht oberflächlich nach einer Zigarette, kommt aber nicht auf die Idee, die Fußleiste anzuheben – so bleibt die Kippe unentdeckt. Ich will gar nicht wissen, was Gefangene dort sonst noch verstecken.

- Der Anwalt hat noch keinen Bescheid vom Landgericht hinsichtlich unserer Eingabe, den Haftbefehl doch fallen zu lassen, hilfsweise außer Vollzug zu setzen. Das dauert eigentlich etwas länger als üblich, aber zeigt auch, dass sich jemand mit der Materie beschäftigt. Hier bleibt nur: Abwarten. Wir gehen beide davon aus, dass ich nicht mehr allzu lange hier sein werde. Sollte das Gegenteil eintreten, so hat er die Freigabe, bis zum Bundesgerichtshof zu ziehen.
- Sicherheitshalber hatte ich eine Schreibmaschine in der JVA beantragt. Das kommt wohl nicht so häufig vor, - alleine das Antragsformular

wollte tagelang keiner haben, schluss-endlich hatte ich einen formlosen schriftlichen Antrag gestellt. Entschei-det sich das Landgericht für eine Haft-fortdauer, würde ich von Pontius bis Pilatus Gott und die Welt auf meinen Fall aufmerksam machen. Dazu brau-che ich eine Schreibmaschine, ich möchte ja nicht mit Kuli auf Notiz-blockpapier den Präsidenten der Bun-desrepublik Deutschland oder der EU anschreiben. Die Adressen, die ich brauche, kamen zwischenzeitlich alle von meiner Frau an. Es könnte jeden Tag losgehen.

- Mein Bruder schreibt mir und bittet mich, wenn ich zurückschreibe, an eine Packstationsadresse zu schreiben, damit seine Kinder nicht erfahren, dass ich im Gefängnis sitze. Ich wun-dere mich, hätte kein Problem damit, - akzeptiere aber, dass man die Kinder dort nicht damit belasten will.

- Ich bekomme meinen Wasserkocher zurück. Geht doch. Ich kontrolliere, ob der Kollege nicht irgendwas dort eingebaut hat, was zu meinem Nach-teil sein könnte. Man muss ja aufpas-sen, dass mir keiner etwas in die Schuhe schieben will. Aber der Was-serkocher ist drogenfrei und ein Handy oder Feile ist dort auch nicht drin versteckt. Ich spüle ihn ein paar

Mal aus und koche ein paar Mal Wasser ab, was ich wegschütte, um auch sicher zu gehen, dass nichts Giftiges drin ist. Möglicherweise paranoid, aber so bin ich auf der sicheren Seite.

33.Tag in U-Haft (Samstag)

Langweiliger Samstag ohne besondere Vorkommnisse. Ich fange an, zu überlegen, ob ich nicht anfangen sollte, zu malen.

Gottseidank verhindert das mein Wissen, dass ich dort gänzlich untalentiert bin. Ich erspare mir dies also. Lange gucke ich aus dem Fenster. Denke so über das Leben nach. Bedanke mich bei meiner Oma und meinem Opa, die schon lange tot sind, für die schöne Zeit, die ich – wenn auch viel zu kurz – mit ihnen haben durfte und für die Liebe, die sie mir entgegengebracht haben. Ich denke zurück an die herrlichen Leberwust-Toasts, die es bei Oma immer gab. Auf Toast muss man in der JVA verzichten. Ich bete zu Oma im Himmel, dass sie, wenn Sie mich hört und es irgendwie geht, beim lieben Gott ein gutes Wort für mich einlegen soll. Ich erinnere mich, wie mir bei der Erinnerung an Oma und Opa Tränen herunterlaufen.

Ich erinnere mich, wie der Opa zum Schluss seines Lebens kaum noch die Treppen hochkam und uns Kinder hat schon vorlaufen lassen. Die Großeltern haben den Krieg mitgemacht, mussten in den Keller oder Bunker bei Luftangriffen und hatten viele Entbehrungen. Opa ist kurz nach seiner Pensionierung gestorben, wurde nicht sehr alt. Er war Diabetiker und musste sich jeden Tag spritzen. Ich habe an dem Tag viel Zeit darüber nachzudenken, dass ich gerne mehr Zeit mit den Großeltern verbracht hätte.

34.Tag in U-Haft (Sonntag)

Ich weiß nicht, ob es schon behandlungsbedürftig ist, aber aus Langeweile fange ich an, mich mit den Raben zu unterhalten. Morgens sitzen sie auf dem JVA-Dach und -Antennen, kommen dann auf die Mauern des Hofs geflogen, auf den ich aus dem Fenster schauen kann. Ich denke noch, auch ein schönes Leben: können fliegen, wohin sie wollen und sind frei. Fange an, drüber nachzudenken, ob Raben vielleicht wiedergeborene Menschen sind. Falls das so ist, sollte man nett zu ihnen sein. Aber Würmer zu essen und im Regen irgendwo auf einem Dach zu sitzen, ist dann doch nicht so schön. Es ist dennoch interessant, ihre Flugrouten zu beobachten. Die meisten fliegen innerhalb der JVA immer dieselben Strecken. Von den Gefangenen weggeworfene Brotreste ziehen sie – genau wie Tauben – in Scharen an. Das Werfen von Brot aus dem Fenster ist zwar verboten, dennoch haben da viele Gefangene Spaß daran. Oder gerade deshalb. Aber wenn sonst am Wochenende nichts passiert, freut man sich, wenn sich wenigstens die Raben bewegen. Im Fernsehen schaue ich mir zum gefühlten hundertfünfundneunzigsten Mal eine Dokumentation über versuchte Attentate auf Hitler an. Eigentlich ein Österreicher, der nicht blond war, aber gegen nicht blonde Ausländer gehetzt hat. Im Nachhinein nur schwer zu verstehen. Ebenso wenig wie die Tatsache, dass es nicht hunderte Graf von Stauffenbergs gegeben hat.

35.Tag in U-Haft (Montag)

Zwar ist heute Montag, aber es ist ein Feiertag in Deutschland, da gibt es auch nur ganz sparsames Programm in der JVA.
Beim Hofgang lerne ich junge Leute aus Bad Krozingen, einem Nachbarort von Freiburg kennen. Ein kleines beschauliches Städtchen. Die jungen Leute sind entweder schon monatelang in U-Haft oder zum wiederholten Mal da. Vorgeworfen wird ihnen Drogenhandel und/oder Einbruch. Eigentlich vernünftige Menschen, aber wenn man genau hinhört, hat man oft schon eine Idee, wo was in der Kindheit oder Jugend schiefgelaufen ist. Bei einigen waren schon die Eltern Alkoholiker und machten die Playstation zum Lebensmittelpunkt, bei anderen verdienten die Eltern viel Geld, hatten aber wegen der vielen Arbeit keine Zeit, sich um die Kinder zu kümmern. Da kann dann schon mal was schiefgehen. Falsche Freunde tun dann ein Übriges. Lerne auch Leute kennen,

die „nur noch ein Ding" drehen wollten, um danach aufzuhören. Dabei wurden sie dann erwischt oder zumindest in einer Situation, die die Polizei glauben lässt, dass sie dabei waren.

Einige Gefangene haben das Bedürfnis, mir ihre Ermittlungsakten zu zeigen und kommen in meine Zelle in den paar Minuten am Tag, wo diese auf ist. Ich überfliege Anklagen, Polizeiberichte und Anwaltsschreiben. Bei einigen denke ich „hmmm …ganz schön dünn, was die da gegen dich in der Hand haben" … bei anderen denke ich „…selber schuld, dass du hier bist, …was machst Du auch für einen Mist…"

Interessant ist es, das Vorgehen von Staatsanwalt und Polizei in anderen Fällen zu studieren. Wer in Deutschland nachts mit Strumpfmaske und Brecheisen angetroffen wird, kann noch nicht als Einbrecher verurteilt werden, die Polizei muss erst nachweisen, wann er wo eingebrochen ist (oder das vorhatte). Das ist manchmal nicht so einfach.

Im Gefängnis findet man eine Vielzahl von vermeintlichen Schlägern und Messerstechern. Aber wem gelingt es vor Gericht nachzuweisen, wer bei einem Streit angefangen und wer sich nur verteidigt hat?

Heute erstaunt mich beim Hofgang noch ein älterer Mann, der exakt wie Louis de Funès aussieht (die Älteren unter den Lesern werden wissen, wen ich meine): Dem Vernehmen nach ein

Einbrecher/Räuber der schweren Art, der mit einer Pistole Leute, wo er eingebrochen sein soll, dazu eingeladen hat, den Tresor auch aufzumachen. Er spricht gefühlte 6 Sprachen und macht jeden Tag Sport auf dem Hof wie ein 18-jähriger: Von der Liegestütze bis zu Rumpfbeugen. Er will wohl fit bleiben. Für was auch immer.

Um 15.40 Uhr verleihe ich nochmal meinen Wasserkocher an den gleichen Bedürftigen wie vor ein paar Tagen, - er tat mir leid. Ich beschließe aber gleichzeitig, dass dies das letzte Mal ist. Alleine schon, um nicht die Molly mit mir machen zu lassen. Er will ihn mir am nächsten Tag wieder zurückgeben. Tatsächlich tut er es aber nicht, was mich in meinem initialen Gedanken bestärkt, dass es das letzte Mal war…

36.Tag in U-Haft (Dienstag)

Es ist jetzt mehr als einen Monat her, dass ich das letzte Mal geduscht habe. Ich verzichte nach wie vor – aus Sicherheitsgründen – darauf. Jeden Morgen mit kaltem Wasser abwaschen ist ja auch erfrischend. Wenn ich meinen Wasserkocher nicht verliehen habe, kann ich mit dem warmen Wasser aus dem Wasserkocher meine Haare waschen. Hat was von Camping-Urlaub, aber geht. Besser als blutend in der Dusche zu liegen. Es wird langsam frisch in Deutschland. Es ist Herbst. Draußen hat es gefühlte 0 Grad und die Heizung in der Zelle ist nicht an. Auf Beschwerde mehrerer Häftlinge wird geantwortet, die Heizung sei an. Das mag sein, der Heizkörper ist jedenfalls kalt. Genauso kalt wie die Luft in der Zelle. Nachts ziehe ich jetzt Socken an.

- 06:55 Uhr: Wecken und Wäscheabgabe
- 07:03 Uhr: Einschluss
- 11:45 Uhr: Mittagessen, anschließend zahlreiche Briefe geschrieben
- 14:30 Uhr: Aufschluss, wieder ein dickes Päckchen mit zahlreichen Briefen erhalten. Schön. Ich frage zum wiederholten Mal, wie und wann ich eine Schreibmaschine bekommen kann, bisherige Anträge verhallten ohne erkennbare Reaktion. Als Antwort kommt: Ich möge am nächsten Tag nochmal fragen
- 15:30-16:30 Uhr: Hofgang: Die Russen spielen miteinander Karten, ein paar Bodybuilder-Typen scheinen den Wettbewerb zu unternehmen, wer die meisten Liegestütze schafft, andere gehen einfach nur im Kreis. Immer wieder begegnen einem Gefangene, die einem einen Schriftsatz vom Gericht oder Anwalt hinhalten und den nicht verstehen, weil sie die Sprache nicht beherrschen. Häufig sind es unangenehme Nachrichten wie Verlängerung der U-Haft, Anklageerhebung oder

Terminfestsetzung in zig Monaten vor Gericht und damit eine Verlängerung des
Aufenthalts. Ich treffe mehrere Gefangene, die deutlich länger als 6 Monate in
U-Haft sitzen, obwohl es im Gesetzestext
heißt, dass U-Haft nach Möglichkeit maximal 6 Monate sein sollte. Die Gerichte
und Staatsanwaltschaften sind hoffnungs-
los überlastet oder unterbesetzt, was zu
Verzögerungen führt.

- 16:55 Uhr: Abendessen und Einschluss.
Heizung geht immer noch nicht. Da will
wohl jemand sparen. Der, der die Heizung
nicht anmacht, sitzt bestimmt in einem
warmen Büro, denke ich.

37.Tag in U-Haft (Mittwoch)

Total sinnlos so eine U-Haft für mich, denke
ich immer wieder. Es kostet den Staat nur
Geld und bringt überhaupt nichts. Es ist
völlig sinnbefreit und kostet die Gesell-
schaft mehr als es bringt. Ich zahle auf Einkom-
men keine Steuern in der Zeit, weil ich nichts ver-
diene, gebe dieses Geld auch nicht im Wirtschafts-
kreislauf aus und meine Frau bekommt psychische
Probleme und kann ebenfalls nicht arbeiten. So
wird die Allgemeinheit gleich doppelt geschädigt.
An der Aufklärung der Vorwürfe gegen mich kann
ich im Gefängnis gar nicht so richtig mitarbeiten,

weil ich keinerlei Einsicht in Unterlagen habe. Es ist also nicht nur nicht förderlich, sondern auch noch ungerecht. Und wenn es um Gläubiger ginge: Im Gefängnis kann ich keinen einzigen Euro für die verdienen. Es schadet auch denen. Aber es ist nun mal so, wie es ist. Ich sitze in dieser kalten Zelle, ohne funktionierende Heizung. Mit fließend Kaltwasser und einem Klo hinter einem Schamvorhang, bei dem ich nicht wissen möchte, wer schon alles auf dieser Brille gesessen hat. Bei dem Gedanken würde ich wahrscheinlich schon Hautausschlag bekommen.

- 06:47 Uhr: Wecken und Briefe abgeben
- 07:04 Uhr: Einschluss
- 11:47 Uhr: Essen: Pfannekuchen mit Sauce Bolognese, hat man auch selten…
- 14:30 Uhr: Aufschluss und Erhalt von Anwaltspost, - am liebsten würde ich immer sofort mit PC zurückschreiben, aber ich habe nur einen klecksenden Kuli und kariertes Notizbuchpapier. Lange habe ich nicht mehr so viel mit der Hand aufgeschrieben wie die letzten 37 Tage. Emails und Briefe am PC schreiben ist ja nicht möglich, also schreibt man mit Kuli auf Notizblockpapier. Sieht erbärmlich aus.
- 15:30 Uhr-16:30 Uhr: Hofgang. Ein Mitgefangener erzählt mir, wie er gegenüber einem JVA-Bediensteten ausgerastet ist und diesen bei der

Türöffnung bedroht hat. Unklug, aber gegen die Psyche kann man sich oft nur schwer wehren. Die meisten rasten irgendwann aus. Mir ist das bisher erspart geblieben. Der Mitgefangene bekommt jetzt auch so einen Sticker von außen an die Tür, den sonst nur die Angehörigen der organisierten Kriminalität (OK) bekommen. Ein Sticker, der besagt, dass Wärter nach Möglichkeit die Tür nur zu zweit öffnen sollten und größtmögliche Vorsicht walten lassen sollten. Der neue besondere Gefährder ist noch keine 30, wiegt maximal 55 Kilo und ist eher ein Hänfling. Sonst habe ich das Schild eher bei einem südeuropäisch anmutendem angeblichen Drogen-Großdealer an der Tür gesehen, der aber auch den Eindruck der Gelassenheit in Person machte.

- 16:55 Uhr: Abendessen und Einschluss. Manchmal gibt es jetzt statt Graubrot ein Oliven-Ciabatta, klingt wie Mittelmeer. Am Strand in Spanien schmeckt das sicherlich – mit etwas Aioli, - in der Zelle auf einem Kunststoffbrettchen verursacht das eher Sodbrennen. Aber man muss den Versuch der Küche, etwas Abwechslung ins Essen zu bringen, honorieren.

38.Tag in U-Haft (Donnerstag)

Ich habe es im Urin: Lange dauert das hier nicht mehr. Irgendwie können die mit mir auch nichts anfangen. Die haben keine Lust auf Anträge für eine Schreibmaschine. Die haben keine Lust auf dauerndes Briefe-Kontrollieren und die wundern sich, wie jemand freiwillig in der Zelle bleiben kann, wenn doch Hofgang angeboten wird. Das Spielchen mit der Macht „Ich schließ Dich ein und dann kommst Du nicht raus" funktioniert halt nur solange, wie sich derjenige ärgert, dass er eingeschlossen wird. Wenn man darum bittet „Sind Sie bitte so nett und verschließen Sie die Tür", sind die Wärter irritiert. Auf schriftliche Anträge, doch einmal nachzuforschen, was mit dem Ursprungsantrag wohl passiert sein mag, haben die auch keine Lust. Auch dann nicht, wenn ich es nicht „Untätigkeitsbeschwerde" nenne, sondern „Nachforschungsantrag". Mit so jemandem wie mir können die nichts anfangen. Hier ist eher Platz für Schläger, Messerstecher, Einbrecher, Geldautomatenaufsprenger und Drogendealer. Aber: Nicht das Gefängnis entscheidet, wer drinbleibt und wer nicht, sondern Gerichte. In meinem Fall das Landgericht Freiburg, dessen Entscheidung für diese Woche eigentlich überfällig ist.

- 06:45 Uhr: Wecken und Post an den Anwalt abgeben
- 07:04 Uhr: Einschluss. Ich stelle fest, dass nach Tagen der Kälte mit nächtlichen Temperaturen gefühlt um die 0 Grad sich doch jemand erbarmt hat, die Heizung im Gebäude anzustellen.

Sehr großzügig. Diejenigen, die das bisher nicht gemacht haben, schlafen bestimmt zuhause im warmen Bettchen. Ich nehme an, dass die Asylanten in den Flüchtlingscontainern auch schon lange die Heizung anmachen können. Für Untersuchungshäftlinge ist das aber nicht vorgesehen. Nach mehreren Beschwerden funktioniert das heute das erste Mal. Ich wundere mich, aber es hat mich ja nicht umgebracht.

- 11:45 Uhr: Mittagessen: Es hat irgendwie immer etwas Heiteres, wenn die zwei Mitgefangenen an den Zellentüren vorbeifahren und das Essen aus Bottichen in die Blechschüsseln der Gefangenen befördern. Verhungern muss hier keiner. Michelin-Sterne wird der Koch aber auch nicht erwarten dürfen. Ich möchte das tägliche Budget, das er zur Verfügung hat, gar nicht wissen. Es wird niedrig sein. Kolportiert wird ein Betrag von unter 2 Euro für den ganzen Tag. Im Großen und Ganzen kann man eigentlich nicht klagen. In manchem Krankenhaus ist es sicher schlimmer. Für große weiße Teller, wo in der Mitte etwas Kleines drauf liegt und auf dem Rand hat der Koch mit brauner Sauce unterschrieben, ist im Gefängnis kein Platz.

- 13:25 Uhr: Rechtsanwaltsbesuch: Gute Nachrichten: Der Rechtsanwalt geht nach Rücksprache mit dem Landgericht davon aus, dass der Beschluss zur Inhaftierung aufgehoben und der Haftbefehl gegen Auflagen außer Vollzug gesetzt wird. Das Amtsgericht hatte sich in erster Instanz gar nicht mit einer Eingabe unsererseits auseinandergesetzt, sondern quasi einfach nur geschrieben „die im Haftbefehl genannten Gründe bestehen fort". Die nächste Instanz (Landgericht) musste sich schon die Mühe machen und sich mit unserer Eingabe auseinandersetzen. Bei einer Außervollzugsetzung wäre es üblich, dass man seinen Reisepass hinterlegt, damit man sich nicht ins außereuropäische Ausland absetzt. Meiner ist ohnehin abgelaufen, aber ich bitte den Anwalt sich mit meiner Frau in Verbindung zu setzen, damit die den ggf. hinterlegen kann. Es ist Donnerstag. Ich spekuliere darauf, entweder am nächsten Tag (Freitag) oder nach dem Wochenende entlassen zu werden. Behördenmühlen mahlen langsam. Ich richte mich darauf ein, noch mindestens ein Wochenende hier bleiben zu müssen. Bis eine Behörde die andere Behörde informiert: Das kann dauern. Ist jetzt auch egal.

- 15:30-16:30 Uhr: Hofgang. Ich habe **keinem** Gefangenen etwas über mein Anwaltsgespräch gesagt. Einem Schließer hatte ich aber nach dem Rechtsanwaltstermin gesagt, dass ich davon ausgehe, nicht mehr lange Gast hier zu sein. Das scheint sich wie ein Lauffeuer verbreitet zu haben. Alle gucken mich neidisch an. Ich bin noch gar nicht draußen und habe auch noch keinen Bescheid, aber die ersten fragen mich schon, wie ich das gemacht habe. Ich empfehle all denen bewusst NICHT meinen Anwalt, bei denen ich davon ausgehe, dass die wirklich Dreck am Stecken haben. Bewusst schaue ich sie mir alle noch einmal an auf dem Hof: die vielen Geflüchteten aus Afrika und Asien, die mittlerweile einen großen Teil der Gefangenen ausmachen, die Russen, die als die Harten gelten, die Türken, die eine in sich verschworene Gemeinschaft sind und die vielen kleinen Rumänen und Bulgaren, die man beim Einbruch oder Diebstahl erwischt hat. Die die ganze Zeit im kobaltblauen Trainingsanzug der Anstalt herumlaufen müssen, weil ihnen niemand aus der Heimat eine Hose und ein Hemd schickt. Die Drogenabhängigen und die Schwarzen, die sich Zigarettenkippen vom Boden aufheben und nochmal anzünden, sofern das noch geht, weil die Sucht so groß ist. Was ist das bloß für eine Welt, in die ich da geraten bin?

- 16:40 Uhr: Ich versuche noch einmal mit meiner Telefonkarte zu telefonieren, es geht aber nicht. Ist das schon ein Zeichen für eine bevorstehende Entlassung? Haben die schon mein Telefonkonto aufgelöst? Auch heute werde ich wieder nicht duschen. Auf mehrfache Nachfrage bringt mir heute der Entleiher – verspätet – meinen Wasserkocher zurück. Ich bedanke mich, und freue mich, am nächsten Morgen wieder zum Frühstück Kaffee machen zu können. Den schrecklichen Instant-Kaffee. Aber besser als kaltes Kranwasser.
- 16:55 Uhr: Abendessen und Einschluss

39.Tag in U-Haft (Freitag)

Dies sollte der letzte Tag in diesem ehrenwerten Haus sein. Irgendwie spüre ich das. Ich stelle mich noch einmal auf den Stuhl und schaue aus dem Fenster.

Schaue mir ganz genau das Gefängnis an. Die anderen Gebäudeflügel, in der die Gefangenen sitzen, die nicht in U-Haft, sondern in normaler Haft sind. Gucke noch einmal auf die Berge am Rand von Freiburg (die eher Hügel sind) und freue mich, in so einer schönen Stadt in Deutschland zu leben. Vorsichtshalber kehre ich schon einmal mit dem Handfeger in der Zelle den Raum aus. Auch unter dem Bett. Ich wische über Tisch und Waschbecken, versuche sogar noch Gekritzel von der Wand zu entfernen, was gar nicht von mir war. Um zu vermeiden, dass irgendeiner mich nachsitzen lässt, weil die Zelle nicht sauber ist.

- 06:45 Uhr: Wecken und Post holen in dem Stockwerksbüro. Ich bedanke mich bei dem Beamten, der dort sitzt, dafür, dass er mich immer fair behandelt hat und teile ihm mit, dass ich voraussichtlich heute oder Montag raus darf. Er wünscht mir alles Gute und sagt ausdrücklich nicht „Auf Wiedersehen". Zwei Gefangene bekommen das mit und können es kaum glauben. Ich relativiere und sage, dass ich davon ausgehe, heute oder Montag rauszukommen. Draußen ist man erst, wenn man draußen ist… Ich sehe die Enttäuschung in ihren Gesichtern, weil sie ja bleiben müssen.
- 07:04 Uhr: Einschluss. Ich wienere die Zelle noch einmal, allerdings nur trocken, mache alles sauber, lege meine Sachen zusammen, so dass ein Packvorgang schnell

gehen würde. Noch habe ich aber keinen Bescheid.

- 09:53 Uhr: Wie ich später feststelle, hat das Landgericht das Gefängnis um 9:53 Uhr informiert, dass ich raus kann
- 10:30 Uhr: Die Tür geht auf, es wird mir mitgeteilt, dass ich entlassen bin. Ich möge meine Sachen packen. Das muss man mir nicht zweimal sagen. Es dauert keine 10 Minuten, dann ist alles gepackt, Bett abgezogen, Klo nochmal geputzt und alles nochmal durchgesehen. Das Zimmer ist aber auch nicht so groß. Ich frage den Zellennachbarn, der die Zelle nebenan bewohnt und Schänzer ist, ob er irgendwas haben möchte (Lebensmittel, Duschgel etc.). Nö, will er nicht. Also schmeiße ich alles weg. Was ich mitnehme, muss ich ja selber tragen. Das ist schon genug. Ich stecke alle meine privaten Sachen in den Kopfkissenbezug, es wird ein wenig eng und die Anstaltssachen in den Bettbezug. Auch den Fernseher, Essgeschirr etc. Ich gebe dem Stockwerksbeamten Bescheid, der mich dann zur Kleiderkammer führt. Vorher guckt er sich nochmal die Zelle an, ob ich die ordentlich hinterlassen habe. Es gibt nichts zu meckern. So sauber wird er es selten gesehen haben.
- Beim Runtergehen zur Kleiderkammer im Keller sehen mich einige andere Gefangene, die mir alles Gute wünschen. Man

kannte sich halt doch, wenn man so eng
aufeinander lebt.

- In der Kleiderkammer wird vom Fernseher bis zum Anstaltsgeschirrtuch alles ak-
ribisch aus Listen ausgehakt, was ich einmal bekommen habe und nunmehr retour-
niere. Den Wasserkocher will ich dalassen
und jemandem spenden, der sich keinen
leisten kann. Das ist aber nicht erlaubt,
sagt man mir. Also packe ich ihn in eine
Sporttasche ein, die meine Frau einmal
dort deponiert hat. Da meine Frau zwischenzeitlich von Bettwäsche über Jeans
und Hemden eine ganze Menge Sachen in
die Anstalt gebracht hat, habe ich 2-3 sehr
volle und schwere Taschen, sicherlich
deutlich über 30 Kilo, die bei mir verblei-
ben. In der Kleiderkammer bekomme ich
alles ausgehändigt, was ich dort gelassen
hatte.

- Von dort geht es quer durchs Gebäude in
einen Verwaltungsflügel, wo ich noch einmal etwas in einem Büro unterschreiben
muss und wieder zurück.

- Ich frage, ob jemand meiner Frau Bescheid gesagt hat. Nein, natürlich nicht.
Warum auch. Ich hatte die kindliche Vorstellung, dass der Sozialdienst im Gefängnis dies bei Entlassungen tut. Das wäre
aber wohl zu viel verlangt.

- Mittlerweile ist es Mittag und man hat
mich wieder in den Besuchertrakt gebracht, wo ich mit meinen Taschen und

einem Entlassungsschein das Gebäude verlassen kann. Auf die Frage „und jetzt?" werde ich höflich darauf aufmerksam gemacht, dass ich einmal außen um das Gefängnis herumlaufen soll, an der diametral anderen Seite würde ich – nach Wiedereintritt in das Gefängnis - das Geld von meinem Gefangenen-Konto ausgezahlt bekommen. Ich gucke auf meine über 30kg schweren Taschen und halte das für einen Witz.

- Ist aber kein Witz. Ich frage noch, wie ich denn nach Hause komme. „Mit Bus und Bahn – bis zum Bahnhof ist es ja nicht so weit". Zum zweiten Mal denke ich, das ist ein Scherz. Ist es aber nicht. Die machen die Tür auf und schmeißen einen raus. Wieder denke ich „so schlecht kann man doch gar nicht organisiert sein – ich bin doch nicht der Erste, der hier entlassen wird". Wieso gibt es dafür keinen Ablaufplan incl. „Benachrichtigung von Verwandten über die voraussichtliche Entlassungsuhrzeit zwecks Abholung"?

- Ich laufe also mit meinen ganzen Taschen quer um das Gebäude, um dort in einem anderen Büro meine Papiere vorzulegen, woraufhin der Beamte mit irgendjemandem telefoniert, der dann „gleich" kommen würde. Dauert ein bisschen, aber dann kommt eine Dame und zahlt mir 279,79 Euro aus. Das Geld, was auf meinem Anstaltskonto war. Dafür muss ich noch unterschreiben. Ich könne dann jetzt gehen. Ich solle aber meinen Entlassungsschein die nächsten Tage bei mir tragen, - es könne sein, dass noch nicht alle Polizisten in der Stadt das wüssten und ich sonst ggf. festgenommen werde. Ich schaue wieder einmal fragend in das Gesicht und wundere mich.

- Bevor ich mich noch mehr wundere, verlasse ich mit meinen Taschen durch eine Drehtür (gar nicht so einfach mit großen Taschen) das Gefängnis und bin draußen. Zu Fuß bis zum Bahnhof wäre es sicher mindestens 1 Kilometer. Machbar, aber da habe ich jetzt keine Lust drauf. Eine meiner Taschen ist auch eine ALDI-Tiefkühltüte, in der meine Frau aus Not oder in Eile irgendwas in die JVA eingeliefert hat. Ich hatte keine Lust wie ein Heckenpenner mit 2 Taschen und einer Alditüte bis zum Bahnhof zu laufen und suche mir eine Telefonzelle und rufe mir ein Taxi. Ich stehe sicherlich 15 Minuten dort und warte. In der Zeit fahren zig Leute vorbei und ich stehe da - mit Taschen vor dem Gefängnis. Jeder Volltrottel kann sich jetzt denken, dass ich da wohl gerade rausgekommen bin. Warum sonst soll jemand mit Taschen vor dem Gefängnis stehen?
- Nach einer gefühlten Ewigkeit kommt das Taxi und ich lasse mich nach Hause fahren.

- Das erste, was ich mache, ist Duschen. Duschen in einer eigenen Dusche, wo ich mich so oft wie ich möchte nach der Seife bücken kann. Mit warmen Wasser.
- Dann kommt die Waage: ca. 10 Kilo Körpergewicht verloren. In 40 Tagen. Eine Diät, die funktioniert.

U-Haft ABC – Tipps, die weiterhelfen

Arbeit

Während der U-Haft kann man sie nicht zwingen, in der JVA zu arbeiten. Während einer regulären Haft schon. Sie können aber beantragen, während der U-Haft in der JVA arbeiten zu dürfen. Sofern freie Arbeitsplätze vorhanden sind, wird man Ihnen das genehmigen. Die Vergütung dafür ist aber relativ gering. Manche Häftlinge machen das, damit ihnen nicht so langweilig ist. Es gibt z.B. Arbeit in Küche oder Schreinerei oder Elemente zusammenstecken.

Arrestzelle

In den meisten JVAs gibt es Zellen für besonders aufmüpfige Gefangene. In Freiburg waren das z.B. die, die die eigene Zelle angezündet haben oder nachts irren Lärm machten. Die kommen dann in eine Zelle, die über nahezu keinerlei Einrichtung verfügt, außer eine feste Liege. Mit einem Krankenaus-OP-Hemdchen dürfen Sie dann dort Zeit verbringen. Ein Loch im Boden ist das Klo. In solchen Zellen ist das Sich-Selbst-Umbringen erschwert und der Komfort gemindert, um Gefangene zur Räson zu bringen. Aber auch dort gibt es Essen und Trinken. Deutschland ist nicht Guantanamo. Es wird kolportiert, dass der Landesjustizminister über Aufenthalte von mehr als 2 Tagen in solchen Zellen informiert werden muss. Ob das stimmt, entzieht sich meiner Kenntnis.

Aufschluss

Zeit, in der die Zellentüren offen sind. In jedem Gefängnis und Gefängnistrakt unterschiedlich geregelt. In der U-Haft in Freiburg waren die Aufschlusszeiten z.B. ca. von 6.45-07.05 Uhr und von 14:30-16:55 Uhr, wobei von 15:30-16:30 Hofgang enthalten ist. Wer daran nicht teilnimmt, wird eingeschlossen. Den Rest des Tages und der Nacht, sind die Zellentüren zu. Während der Aufschlusszeiten können sich Gefangene frei im Gang oder auch in anderen Zellen bewegen. Während der

Aufschluss-Zeiten müssen Sie sich z.B. Post von den Beamten holen und können duschen.

Ausländer

Der Ausländeranteil in deutschen Gefängnissen liegt im Jahr 2016 bei über 40%. Deutsche mit Migrationshintergrund nicht mitgerechnet.

Bargeld

Der Besitz von Bargeld ist im Gefängnis verboten. Geld, was Sie bei Einlieferung mit sich führen, wird auf einem Gefangenen-Konto eingezahlt. Ob Sie das wollen oder nicht. Sollten Sie draußen Schulden haben, können clevere Gläubiger auch das Gefangenen-Konto pfänden lassen. Hier gibt es aber Freibeträge. Sinnvoll sind 200 bis 300 Euro mit in die Anstalt zu nehmen, die dann auf dem Konto landen. Davon können Sie Ausgaben tätigen wie TV-Miete, Wasserkocher kaufen, Lebensmittel, Getränke oder den Friseur bezahlen.

Besuchereinkauf

Wenn Sie Besuch bekommen, darf Ihnen der Besuch etwas mitbringen. Damit der Besuch aber kein Handy oder kein Messer in einen Schokoriegel verpackt, darf der Besucher nur aus

Süßigkeiten-Automaten im Besuchervorraum etwas kaufen und Ihnen geben. Diese Süßigkeiten wurden beim Einfüllen kontrolliert. In Freiburg sind beispielsweise mehrere Tafeln Schokolade unterschiedlicher Geschmacksrichtungen erwerbbar.

Bereichsleiter

Im Gefängnis gibt es für alles Bereichsleiter, so auch einen Leiter für die U-Haft. Lassen Sie sich gleich nach Einlieferung dessen Namen geben und fragen, wo Sie den wann erreichen können.

Beschwerden

Sie können sich über alles beschweren. Man sollte die Reihenfolge einhalten: Stockwerksbeamter, Bereichsleiter, Anstaltsleiter, Justizminister des Landes. Beschwerden hat niemand gerne, auch wenn er vorgibt, dass es ihm egal ist. Bevor Sie sich über etwas beschweren, überlegen Sie sich das gut. Der Mensch, über den Sie sich beschweren, wird auch anschließend für Sie zuständig sein und ist auch nur ein Mensch. Vielleicht ein nachtragender.

Besuch

Ihr Anwalt kann sie im Prinzip so oft besuchen, wie sie wollen (und sie ihn bezahlen können). Wenn gewünscht, auch täglich.

In der U-Haft werden Sie in der Regel für Verwandtenbesuche (Ehepartner) die Erlaubnis des Staatsanwalts benötigen. D.h. der Besuch muss zunächst bei der Staatsanwaltschaft eine Besuchserlaubnis beantragen (für jeden einzelnen Besuch), anschließend müssen Sie mit der Besuchsstelle im Gefängnis einen genauen Termin abstimmen, damit auch ein Besuchsraum frei ist. Ehepartner können in der U-Haft in der Regel einen Besuch alle 14 Tage vornehmen, der dann 30 Minuten dauert. Während des Besuchs sitzt ein Beamter mit im Raum und Sie dürfen nicht über die Tat sprechen. Das kann manchmal schwerfallen, kann aber zum sofortigen Gesprächsabbruch durch den Beamten führen, wenn Sie sich nicht daran halten. Es gibt feste Besuchszeiten für jedes Gefängnis. In der Regel an den Wochentagen bis ca. 16/17 Uhr und am Wochenende (wo natürlich alle wollen) nur dann, wenn sie nachweisen können, dass sie in der Woche aus beruflichen Gründen gar nicht können.

Dem Gefangenen etwas zustecken ist verboten und kann ein zukünftiges Besuchsverbot nach sich ziehen. Machen Sie das nicht.

Ihr Besuch sollte unbedingt beachten, dass er meist eine gewisse Zeit **vor** dem vereinbarten Besuchstermin da sein muss, damit der Besuch überhaupt stattfinden kann. In der JVA Freiburg ist dies z.B. auf 20 Minuten festgelegt. Wer als Besucher dort nicht 20 Minuten **vor** dem vereinbarten Besuchstermin da ist, hat u.U. sein Recht auf den Besuch verwirkt. Bedenken Sie, dass die JVA auch die Überstellung des Gefangenen aus dem Zellentrakt in den Besuchstrakt organisieren muss. Häufig wird eine Abholung des Gefangenen aus seiner Zelle erst dann initiiert, wenn sich der Besucher an der Pforte tatsächlich meldet. Ein Schließer holt dann den Gefangenen aus der Zelle und geht oft durch zahlreiche Gänge und Türen und eine Sicherheitsschleuse bis in den Besuchertrakt. Das dauert, da ja nur eine begrenzte Anzahl an Schließern für solche Begleitungen von A nach B zur Verfügung steht.

Hier die möglichen Besuchszeiten beispielhaft für die JVA Freiburg (Stand 3.2017):

08:00 – 09:30 Uhr
10:00 – 11:30 Uhr
13:00 – 14:45 Uhr

An Wochenenden: 13:00 – 15:00 Uhr

Die genauen und aktuellen Besuchszeiten erfahren Sie in der Regel auf der Homepage „Ihrer" JVA

Bilder

Sie dürfen private Bilder in der Zelle haben. Diese aber nur an dafür vorgesehenen Einrichtungen (z.B. Bilderleiste) anbringen. Je nach Haftanstalt gibt es teilweise Höchstmengen an Bildern. Verwandte können Ihnen z.B. Bilder per Briefpost in die JVA senden.

Briefmarken

Briefmarken werden Sie brauchen. Alle Post, die Sie absenden wollen, müssen Sie frankieren. Sei es an den Anwalt oder an den Ehepartner. Sie dürfen meist nur eine Höchstzahl von Briefmarken in der Zelle besitzen, z.B. 20 Marken für Standardbriefe, damit sie nicht Briefmarken als Geldersatz in der JVA benutzen. Briefmarken können Sie bei einem zumeist 14-täglichen Einkauf bestellen oder sich von Verwandten schicken lassen. In der JVA Freiburg dürfen beispielsweise jedem eingehenden Brief 3 Briefmarken beiliegen. Sagen Sie das ihren Verwandten. Jeder, der Ihnen schreibt, soll 3 Briefmarken beilegen, dann haben Sie immer genug.

Bücher

In jeder JVA gibt es eine Bücherei, wo Sie sich Bücher ausleihen können. Erkundigen Sie sich beim Stockwerksbeamten, wie das geht. Das ist in der Regel kostenlos. Sie können sich sogar Bücher in die JVA liefern lassen, allerdings nur direkt vom Buchversand in die JVA und nur auf bestimmten Bestellformular. Wenn Verwandte für

Sie etwas bei Amazon bestellen (mit Lieferadresse JVA), so geht das wieder zurück.

Jede JVA regelt auch eine Höchstanzahl an Büchern pro Zelle. Sie können also nicht Hunderte Bücher in der Zelle lagern. Mit 10 bis 20 haben Sie vermutlich weniger Probleme. Auch DVDs gibt es häufig in der Bücherei. Allerdings müssten Sie dafür einen DVD-Player in der Zelle haben, was auf Antrag auch möglich ist.

Computer

In nahezu allen JVAs sind Computer in Zellen verboten, nur mit ausdrücklicher Ausnahmegenehmigung erlaubt (etwa zu Ausbildungszwecken), dann aber ohne Internetzugang und häufig sogar ohne USB-Anschluss (damit nicht ein WLAN-Stick nachgerüstet wird)

Drogen

Gibt es in jedem Gefängnis. Diese werden über Mauern geworfen, von Anwälten, Verwandten oder Bediensteten in die JVA geschmuggelt. Sie sind nicht erlaubt und führen zu Haftverschlechterungen oder Wegnahme von Hafterleichterungen. Handel, Besitz und Konsum sind in der JVA verboten. In allen JVAs gibt es aber sogenannte Drogenersatz-Programme, wo Drogenabhängigen z.B. Substitute (Methadon) verabreicht werden. Damit damit nicht gehandelt wird, muss der

Drogensüchtige die Substanz im Beisein des Bediensteten einnehmen und runterschlucken.

Durchsuchungen

Ein Gefängnis ist kein Hotel. Sie müssen damit rechnen, gelegentlich durchsucht zu werden.
Wenn man in das Gefängnis hereinkommt, wird sowohl die Kleidung als auch der Körper gründlich untersucht. Im Saum eingenähte Gegenstände würden dabei ebenso auffallen wie Gegenstände, die man in Körperöffnungen versteckt hat. Überdies gibt es Metalldetektoren auf bestimmten Gängen, die man immer wieder durchschreiten muss. Z.B. auf dem Weg zum Besuchsraum o.ä., wo dann ein Messer oder eine Pistole ebenso auffallen würde wie ein Handy.
Gelegentlich wird auch unangekündigt die Zelle durchsucht. Da Zellen nicht besonders groß sind und wenig Platz für Verstecke enthalten, ist dies in der Regel leicht und effizient möglich. Die JVA-Bediensteten wissen aus Erfahrung, wo Gefangene etwas verstecken. Probieren Sie es erst gar nicht. Auch nicht hinter der Fußleiste. Aufseher sind nicht doof. Es führt nur zu noch häufigeren Durchsuchungen in der Zukunft.
Man muss allerdings aufpassen, dass einem andere Gefangene kein „Ei ins Nest legen" und etwas in der Zelle verstecken. Z.B. um einen zu ärgern oder um es nicht bei sich selber zu verstecken. Lassen Sie andere Gefangene so wenig wie möglich in die eigene Zelle, um das auszuschließen. Sind andere

Gefangene in ihrer Zelle, beobachten sie diese durchgehend.

Duschen

Auch Gefangene dürfen duschen. Dafür gibt es Sammelduschen, die nur während des Aufschlusses benutzt werden dürfen. In vielen JVAs ist es üblich, dass sich die Gefangenen mit Unterhose duschen, um keine Begehrlichkeiten anderer Gefangenen zu wecken. Beobachten Sie, was bei Ihnen üblich ist und machen es so wie die Mehrheit. Der Duschraum ist häufig OHNE Bewachung durch Wärter, was ihn auch zum Ort für Übergriffe durch andere Gefangene macht. Überlegen Sie gut, mit wem Sie wann duschen. Da eine Vielzahl von Gefangenen duschen will, sollten Sie sich dort nur kurz aufhalten und nicht die Dusche für andere blockieren. Haben Sie die Tür immer im Blick. Macht jemand die Tür zu, sollten Sie rausgehen, notfalls nackt. Wenn Sie das noch können.

In der Regel darf man täglich duschen, einige JVAs beschränken dies auf 2-3x wöchentlich.

DVDs

In vielen JVAs ist der Betrieb von DVD-Playern auf Zimmerlautstärke erlaubt. Incl. einer Höchstzahl an DVDs, die man haben darf. Kann man sich häufig in der JVA-Bücherei leihen. DVD-Player kann man über den Einkauf alle 14 Tage kaufen, manchmal auch leihen. Bedenken Sie, dass Sie keinen Zugriff auf Ihre Platensammlung haben und Ihnen „Atemlos" von Helene Fischer irgendwann blöd vorkommt, wenn Sie es 10x jeden Tag hören. Bedenken Sie auch, dass Sie sich keine Freunde machen, wenn Sie in Überlautstärke Musik hören, wenn andere schlafen wollen. Da hat schon so manch Gefangener einen Rippenstoß für kassiert – im Optimalfall.

Elektrogeräte

Sie können sich im Regelfall in der Anstalt einen Fernseher, ein Radio, einen DVD-Player und einen Wasserkocher leihen. Bei Rasierern ist man häufig auf nicht-elektrische Modelle angewiesen, da die JVAs Angst vor Zweckentfremdungen zu Tätowierzwecken haben. Aus dem gleichen Grund sind häufig Tauchsieder verboten. Wer länger bleibt, hat Chancen, einen Kühlschrank zu beantragen.

Erstausstattung

Wenn Sie neu in die Untersuchungshaft kommen, ist Ihre Zelle zumeist bis auf die Möbel leer und Sie erhalten in der Kleiderkammer eine Erstausstattung. Diese müssen Sie selber aus der

Kleiderkammer in die Zelle tragen. Beispielhaft sieht diese häufig wie folgt aus:

- 2 Wolldecken (a la Bundeswehr)
- 1 Bettlaken
- 1 Deckenbezug
- 1 Kopfkissenbezug
- 1 Kopfteil (Kissenersatz, dünn)
- 1 Badehandtuch
- 2 Körperhandtücher
- 1 Geschirrtuch
- 1 Spültuch
- 1 Sanitärtuch
- 1 Putzlappen
- 1 Taschentuch
- 5 Unterhosen
- 5 Unterhemden
- 2 Oberhemden, z.B. aus Jeansstoff
- 2 Arbeitshosen, z.B. aus Jeansstoff
- 1 Gürtel, schmal
- 1 Paar Sportschuhe
- 1 Paar Badeschuhe
- 1 Frühstücksmesser (i.d.R. Plastik)
- 1 Löffel (i.d.R. Plastik)
- 1 Gabel (i.d.R. Plastik)
- 1 Teelöffel
- 1 Speiseplatte („Fressnapf")
- 1 Metallschüssel
- 1 Kaffeekanne, i.d.R. Metall, oben offen
- 1 Kaffeetasse
- 1 Zuckerschale

- 1 Vesperbrett (i.d.R. Plastik)
- 1 Flasche Geschirrspülmittel
- 1 Flasche Shampoo

Feuerzeug

Da das Rauchen in den JVAs meist erlaubt ist, sind Feuerzeuge auch erlaubt. Manche JVAs stellen Höchstmengen dafür auf. Gegen 1-3 Feuerzeuge hat sicher niemand etwas. Manche JVAs verlangen transparente Feuerzeuge, damit man im Feuerzeug nichts versteckt.

Flucht

Denken Sie noch nicht einmal darüber nach. Natürlich gibt es Wege, aus einer JVA heraus zu kommen. Aber was passiert danach? Die Polizei wird alle Ihre Lieben überwachen. Sobald Sie dort auftauchen oder anrufen, hat man Sie wieder. Sobald Sie sich in ihren Facebook-Account oder in das Email-Konto einloggen, auch. Wollen Sie das ganze Leben auf der Flucht sein? Die meisten Gefängnisse verfügen nicht nur über zahlreiche Kameras und Stacheldraht auf den Dächern, sondern auch Signaldrähte, die Alarm geben, wenn jemand darübersteigt. Nutzen Sie die Energie lieber, um darüber nachzudenken, wie sich die Haftzeit auf legalem Weg verkürzen ließe.

Freiburg

Die JVA Freiburg an der Hermann-Herder-Straße, bzw. deren Hauptgebäude wurde bereits im Jahr 1878 fertiggestellt, ein daneben liegendes Gebäude an der Tennenbacher Straße im Jahr 1912/1913. Wegen seines Grundrisses aus fünf Flügeln, die sternförmig zusammenlaufen, wird es auch „Cafe Fünfeck" genannt.
In Freiburg sind ausschließlich männliche Häftlinge untergebracht. Die Haftanstalt unterhält unter **www.jva-freiburg.de** einen Internetauftritt.
Ein modernes elektronisches Schließsystem an Gittertüren wird man dort vergeblich suchen: Hier hat der Wärter noch einen riesigen Schlüsselbund am Hosenbund

Friseur

Ein freier Friseur kommt regelmäßig in die JVA. Fragen Sie danach und beantragen rechtzeitig einen Termin. Für wenig Geld schneidet er die Haare. Allerdings dürfen Sie keine Wunder erwarten. Dauerwelle und Färben gehört nicht zu seinem Standard-Repertoire. In Freiburg kostet das 5 Euro pro Haarschnitt.

Geschäfte unter Gefangenen

Finden statt, sind aber verboten. Die meisten JVAs verbieten jegliches Geschäft über einem

Gegenwert von 1-2 Euro. Sowohl Tausch, Miete als auch Verkauf. Es sagt sicherlich niemand etwas, wenn Sie Kaffee gegen Duschgel tauschen, aber größere Geschäfte erregen den Argwohn des Personals. Häufig zu beobachten sind Gefangene, die mehr Tabak kaufen, als sie selber brauchen und den dann zu gegebener Zeit an andere verleihen - aber für einen Zins nach dem Motto „Ich gebe Dir meine Packung Tabak, aber beim nächsten Einkauf musst Du mir 2 Packungen zurück geben". Lassen Sie das lieber. Eine ganz schlechte Idee ist es auch, solche abgegebenen Versprechen *nicht* einzuhalten. Manche Gefangenen erniedrigen sich auch und lassen sich für Tabak oder andere Annehmlichkeiten zu entgeltlichen sexuellen Dienstleistungen hinreißen. Entgeltlich ist das ebenso verboten wie unfreiwillig.

Gesundheitsfürsorge

Im Gefängnis gilt die freie Heilsfürsorge, d.h. die JVA muss sich um Ihre Gesundheit kümmern. Ihre Krankenversicherung ruht in der Zeit. Teilen Sie Ihrer Krankenversicherung die JVA-Zeit so schnell wie möglich mit, ebenso, wenn diese wieder zu Ende ist. Im Gefängnis gibt es Arzt und Zahnarzt, die sich um sie kümmern, Ihnen Medikamente verschreiben und diese auch an sie liefern lassen. Gleiches gilt für Kontaktlinsen und Pflegemittel. Der Gefängnisarzt ist allerdings mit ca. 30% Simulanten beschäftigt und könnte daher eine Neigung entwickeln, auch tatsächlich vorliegende Krankheiten zu bagatellisieren.

Achtung: Im Regelfall versucht der Arzt im Gefängnis, sich ihre Krankenakte von Ihrem Hausarzt zu besorgen, - er braucht dazu aber ihre Ermächtigung. Überlegen Sie sich gut, ob Sie wollen, dass der Gefängnisarzt ihren Hausarzt anschreibt, wenn Sie nicht wollen, dass er von Ihrem Ausflug in die JVA erfährt.
Im Regelfall werden Sie in der JVA morgens bis 7 Uhr einen Antrag auf einen Arztbesuch stellen müssen (beim ersten Aufschluss), um dann am gleichen Tag oder nächsten Tag dorthin geführt zu werden.

Haben Sie etwas Schlimmeres, gibt es auch Gefängniskrankenhäuser, wo sie behandelt werden können und dann dorthin verlegt werden können. Gefängnisärzte sind manchmal etwas schroff, da sie mit einer überdurchschnittlich hohen Zahl an Simulanten zu tun haben. Behandlung und Medikamente durch den Gefängnisarzt kosten sie nichts. Wer mehrmals Suizidversuche unternimmt, wird oft als psychisch krank eingestuft und in ein Gefängniskrankenhaus verlegt.

Gitter

Gitter werden Sie im Gefängnis sehr häufig sehen. An Gangenden, vor den Fenstern, vor Türen und vor allen Dingen vor dem Zellenfenster.

Versuchen Sie, das Gitter auszublenden, es nicht wahrzunehmen. Schauen Sie durch oder stellen sich so nah davor, dass sie es nicht mehr wahrnehmen. Denken Sie nicht darüber nach, dass Sie es durchsägen oder lockern könnten. Sicherlich könnten Sie das mit etwas Mühe. Aber was kommt dann? In der Regel sind Sie dann erst auf dem Gefängnishof. Aber selbst wenn Sie ganz rauskommen, was soll dann kommen? Nach Ihnen wird gefahndet werden und irgendwann bekommt man sie. Mit der Konsequenz, dass Sie noch länger einsitzen. Sparen Sie sich dieses Erlebnis und freuen sich über die deutsche Wertarbeit an den Gitterstäben.

Grundausstattung

Im Prinzip könnten Sie nackt in die JVA kommen. Sie bekommen kurz nach der Einlieferung eine Grundausstattung. Diese ist nur oft weder schön noch bequem, doch sie erhalten Kleidung, Essgeschirr, Einwegrasierer, Zahnbürste und Zahnpasta, Seife, Bettzeugs. Wenn Sie noch die Zeit dazu haben, sollten Sie sich eine Tasche packen, die von Ihnen private Sachen beinhaltet:

- Lange Hosen/kurze Hosen
- Hemden
- T-Shirts
- Deoroller (den gibt's nämlich nicht)
- Unterwäsche
- Turnschuhe

- Jogginganzug
- Briefmarken
- Notizblock (nicht: -buch)
- Bleistift oder Kuli

Sie dürfen sich sogar private Bettwäsche mit in das Gefängnis nehmen. Auf Hello-Kitty-Motive sollten Sie dort allerdings verzichten.

Für alles gibt es von Anstalt zu Anstalt unterschiedliche Höchstgrenzen, oft z.B. 2 Hosen, 2 Hemden, 5 T-Shirts, 5 Unterhosen o.ä.

Da sie im Gefängnis ihre Sachen 1x pro Woche waschen lassen können, kommt man damit eigentlich hin.

Haftbescheinigung

Erhalten Sie kurz nach Einlieferung und benötigen Sie z.B. zur Vorlage bei der Krankenkasse

Haftbeschwerde nach §304 StPO

Neben der Haftprüfung ist die Haftbeschwerde eines von zwei gängigen Mitteln, gegen einen Haftbefehl, bzw. die Untersuchungshaft vorzugehen. Beraten Sie sich mit

Ihrem Anwalt genau, ob Sie die Haftbeschwerde oder die Haftprüfung wählen. Die
Haftbeschwerde wird schriftlich eingelegt und
ist nicht an Fristen gebunden. Sie kann durch
Sie selber oder den Verteidiger eingelegt werden. Es ist dringend dazu zu raten, dies einen
Verteidiger machen zu lassen. Die Haftbeschwerde wird zunächst an das Gericht gesandt, welches den Haftbefehl erlassen hat.
Die Haftbeschwerde ist nicht parallel zu einer
Haftprüfung zulässig. Hier heißt es: entweder
oder. Bei der Haftbeschwerde prüft das Gericht, das den Haftbefehl erlassen hat, ob es
dabei alles richtiggemacht hat. Hilft das Gericht dem Haftbefehl aufgrund der Haftbeschwerde nicht ab, geht das Verfahren an das
nächst höhere Gericht. Wenn also das Amtsgericht aufgrund der Haftbeschwerde den
Haftbefehl nicht fallen lässt und auch nicht
außer Vollzug setzt, leitet es die Beschwerde
an das Landgericht weiter, was dann unabhängig vom Amtsgericht prüft, ob die Voraussetzungen für eine Inhaftierung immer noch gegeben sind. Während die Haftbeschwerde in
der ersten Instanz häufig erfolglos ist (hier
müssen Richter im Prinzip beurteilen, ob sie,
bzw. Kollegen vorher richtig gearbeitet haben
– wer will sich da schon Fehler eingestehen?),
gibt es eine nicht zu verachtende Anzahl von
Haftbeschwerden, die in zweiter Instanz
(i.d.R. vor dem Landgericht) so entschieden
werden, dass die Haft beendet wird. Entweder
indem die U-Haft z.B. komplett beendet wird

oder aber der Haftbefehl gegen Auflagen außer Vollzug gesetzt wird. Typische Auflagen sind:

- Stellung einer Kaution
- Meldeauflagen
- Reiseverbot, Abgabe Reisepass und/oder Personalausweis

Der Vorteil der Haftbeschwerde ist die nicht an Fristen gebundene Einlegemöglichkeit und die Schriftform. Ein Nachteil ist, dass Sie nicht persönlich einen Richter von Ihrer Unschuld oder dem Nichtvorhandensein eines Haftgrunds überzeugen können, - aber das ist ja meist zumeist bereits bei der Inhaftierung misslungen. Weil das Haftbeschwerde-Verfahren nicht persönlich vonstattengeht, werden Sie auch nicht zu „Deals" genötigt a la „Wenn Sie dies oder das einräumen, lasse ich Sie frei", - eine beliebte Methode, um Geständnisse oder Teilgeständnisse zu generieren. So manch Straftäter hat in persönlichen Haftprüfungen schon etwas eingeräumt, was er gar nicht begangen hat, nur um die U-Haft zu beenden.

Haftgründe

Die Untersuchungshaft ist ein schwerer Eingriff in die Grundrechte eines Menschen. Daher stellt das Gesetz hohe Anforderungen an die Gründe für einen Haftbefehl, der zur U-Haft führt:

Für einen Haftbefehl muss ein dringender Tatverdacht bestehen, dass Sie eine strafbewehrte Handlung vorgenommen haben. Hierbei muss die Verhältnismäßigkeit gewahrt bleiben. Wer erstmalig ein Pfund Puderzucker im EDEKA klaut, wird seltenst in U-Haft landen.

Ein Tatverdacht ist dringend, wenn nach dem aktuellen Ermittlungsstand eine große Wahrscheinlichkeit besteht, dass Sie eine Straftat begangen haben.

Zusätzlich zu dem dringenden Tatverdacht muss aber einer der folgenden drei Haftgründe vorliegen:

- **Fluchtgefahr:** Sie befinden sich auf der Flucht oder halten sich verborgen oder es darf als überwiegend wahrscheinlich gelten, dass Sie sich durch Flucht dem Strafverfahren entziehen wollen. Z.B. weil die erwartete Strafe sehr hoch ist und Sie hervorragende Beziehungen ins Ausland haben oder keinerlei familiäre Bindung. Hier kommt es auf eine Gesamtschau der Gründe an.
- **Verdunkelungsgefahr:** Es besteht die Gefahr, dass Sie unlauter auf persönliche oder sachliche Beweismittel einwirken. Diese z.B. zerstören oder Zeugen beeinflussen, z.B. einschüchtern oder bestechen.

- **Wiederholungsgefahr:** Es muss weit überwiegend wahrscheinlich sein, dass Sie die Tat wiederholen, z.B. weil Sie ein Triebtäter sind oder nach vorherigen Verhaftungen auch nicht vor weiteren Straftaten der gleichen Art zurückgeschreckt haben.
- **Schwerstverbrechen:** nach §112.3 StPO dürfen Schwerstverbrecher auch ohne Vorliegen eines Haftgrundes in Untersuchungshaft genommen werden, wenn sie dringend tatverdächtig sind. Dies trifft in erster Linie Terroristen und Mörder.

Neben der Prüfung, ob Sie überhaupt dringend tatverdächtig sind oder nur die Möglichkeit besteht, dass Sie eine Straftat begangen haben, müssen Sie also gemeinsam mit Ihrem Anwalt prüfen, ob zusätzlich überhaupt einer der drei Haftgründe vorliegt.

Mit am häufigsten werden Haftbefehle auf die Fluchtgefahr abgestellt, aber relativ abstrakt wegen einer hohen Straferwartung. Eine hohe Straferwartung alleine ist aber noch kein Indiz für eine Fluchtgefahr, haben höchste Gerichte geurteilt. Ein guter Strafverteidiger wird Sie sicherlich gut beraten.

Haftkostenbeitrag

Fällt in der Regel während der U-Haft nicht
an. Sollten Sie aber in den Regelvollzug über-
gehen und nicht arbeiten, obwohl Sie das
könnten und Ihnen eine Arbeit angeboten
wird, beteiligt man sie an den Haftkosten, das
können leicht mehrere hundert Euro im Monat
sein.

Haftprüfung

Die Haftprüfung ist – neben der Haftbeschwerde – eines von zwei üblichen Rechts-
mitteln, um gegen eine U-Haft, bzw. den Haftbefehl vorzugehen.

Ein wesentlicher Nachteil der Haftprüfung
nach § 117ff StPO ist der, dass nach einer ersten erfolglosen Haftprüfung ein weiterer Haftprüfungstermin in der Untersuchungshaft nur
dann möglich ist, wenn seit dem letzten Haftprüfungstermin **2 Monate vergangen sind**
und man mindestens schon 3 Monate in der U-
Haft sitzt. Wenn es schlecht läuft, sitzt man
also automatisch nochmal mindestens 2 Monate in der U-Haft. Bei der Haftprüfung werden Sie vor derselben Instanz (i.d.R. Amtsgericht) noch einmal persönlich vor einen Haftrichter geführt. Häufig wird dieser Termin genutzt, um von Ihnen eine Einräumung/Teilein-
räumung der Tat (Geständnis) zu erlangen.
Nach Antrag einer Haftprüfung muss ein

Termin innerhalb von 2 Wochen angesetzt werden, wo Sie persönlich vor dem Haftrichter erscheinen müssen. Der Vorteil ist, Sie können ihn ggf. persönlich von Ihrer Unschuld oder dem Fehlen eines Haftgrunds überzeugen. Im Regelfall dürfte dies aber bereits im ersten Termin nach ihrer Verhaftung misslungen sein. Wenn Sie nichts substantiell Neues vorzutragen haben, sollten Sie sich gut mit ihrem Anwalt beraten, ob nicht die Haftbeschwerde das geeignetere Rechtsmittel für Sie ist. Gegen einen negativen Bescheid aus einer Haftprüfung ist übrigens auch die Haftbeschwerde zulässig.

Haftraum

Beschönigendes Wort für Zelle. Sie können sich im Rahmen gewisser Grenzen ihre Zelle frei gestalten. Sie dürfen Bilder aufhängen, sich eigene Gardinen kaufen, müssen aber Sicherheitsgrundsätze einhalten und die ständige, leichte Durchsuchbarkeit gewährleisten. Dazu gehört z.B., dass das Verhängen des Bettes nicht gestattet ist. Bilder mit Nägeln an die Wand hängen ist auch unerwünscht. In der Regel sind nur die Regale und Schränke im JVA-Portfolio zugelassen. Ihre Designer-Möbel müssen Sie also zuhause lassen. Dicke Kissen oder Matratzen sind unerwünscht, weil diese als Versteck dienen können und die Durchsuchbarkeit erschweren.

Im Haftraum finden Sie (bei Einzelzellen) in
der Regel:

- Ein Bett
- Einen Tisch
- Einen Stuhl
- Einen Schrank
- Ein Regal
- Ein WC, abgetrennt durch Vorhang o-
  der Teilwand
- Ein Waschbecken mit Kaltwasserhahn
- Einen Spiegel
- Eine Bilderleiste zur Befestigung von
  Fotos
- Heizkörper
- Abfalleimer
- Handfeger

Im Haftraum findet sich häufig bei Einzug
nicht:

- Fernseher
- Wasserkocher
- Wäscheleine
- Kühlschrank
- Kleiderbügel

Wenn Sie also (wie es häufig geschieht) einmal pro Woche eine Packung Margarine bekommen, dürfen Sie sich überlegen, wo Sie die aufbewahren. Gleiches gilt für Milch, die es 1x in der
Woche gibt. Fenstersimse sind in JVAs häufig

abgeschrägt, damit man so etwas dort nicht ablegt und die Flucht erschwert ist.

Halbstrafen-Grundsatz

Betrifft Sie in der U-Haft i.d.R. nicht direkt, aber werden Sie auf dem Hof häufig hören. Bei guter Führung und Geständnis einer Straftat, besteht unter engen Auflagen die Möglichkeit, nach der Hälfte der Strafe entlassen zu werden. Dies ist aber nicht der Regelfall. Der Regelfall bei guter Führung (und nur dann) ist eine Entlassung nach 2/3 der verhängten Strafe.

Handy

Mobilfunkgeräte sind in Haftanstalten grundsätzlich verboten, häufig sogar für Bedienstete. Dennoch werden bei Zellendurchsuchungen immer wieder Mobilfunkgeräte gefunden, die durch Mauerüberwurf oder durch sonstiges Einschleusen in die JVA gekommen sind. Kleinere Handys werden gerne in Tennisbällen über die Mauer geworfen. Manche JVAs benutzten schon so etwas wie Handy-Störsender in den Zellentrakten, andere spüren mit Geräten Handys auf, die in Betrieb sind. Gefundene Handys führen zu Strafverschärfungen im Vollzug, erschweren eine vorzeitige Entlassung. Überlegen Sie sich gut, ob Ihnen das so viel wert ist.

Hausordnung

Auch im Gefängnis gibt es eine Hausordnung. Lassen Sie sich diese nach Einlieferung aushändigen. Sie müssen sich danach verhalten, also haben Sie ein Recht auf Einsicht. Manchmal hängt die auch nur an irgendeiner Wand aus. Lesen bildet. Nur, wenn Sie die Hausordnung lesen, können Sie sich auch daran halten. Darin steht z.B., dass Sie nicht in kurzen Hosen zum Besuchstrakt dürfen und an welchen Tagen die Wäsche abgeholt wird, wieviel T-Shirts Sie besitzen dürfen und wie lange ihr Partner sie besuchen darf. Und: Wie lange er VOR der vereinbarten Besuchszeit da sein muss.

Hofgang

Einmal am Tag dürfen Sie 1 h am Hofgang im Freien teilnehmen. Wer dauerhaft nicht daran teilnimmt, gilt schnell als Pädophiler oder wird als Polizeispitzel verdächtigt. Sie sollten also mindestens gelegentlich daran teilnehmen. Wer am Hofgang nicht teilnimmt, wird in seiner Zelle eingeschlossen, da die Beamten zur Aufsicht auf dem Hof gebraucht werden und nicht auch noch im Gebäudeinnern Gefangene überwachen können. Beim Gehen auf den Hof und nach Hofgangende gibt es häufig ein Gedränge der Gefangenen. Dies wird gerne für den Austausch von kleinen Gewalttätigkeiten unter Gefangenen genutzt, die in der

Menge dann untergehen. Überlegen Sie sich gut, an welcher Stelle Sie den Hof verlassen oder betreten wollen. Neben wem und vor wem.

Infektionen

Das Gefängnis ist ein guter Infektionsherd für alle möglichen Krankheiten. Dort kommen auch viele Leute aus Ländern mit anderen hygienischen Verhältnissen oder hier schon ausgemetzten Krankheiten hin. Wenn Sie Hautausschlag vermeiden wollen, waschen Sie sich so oft wie möglich die Hände. Der Gefangene, der eine Zigarettenkippe vom Boden aufhebt, die da schon 3 Tage gelegen hat und schon zur Unterlage von Taubenkot wurde, fasst im Zweifel an denselben Türgriff wie Sie. Auch im Besucherraum saß vielleicht vor Ihnen ein Gefangener, der sich nach dem Toilettengang nicht die Hände wäscht. Desinfektionssprays werden wegen des Alkoholgehalts üblicherweise nicht zur Verfügung gestellt. Ihnen bleibt also nur das regelmäßige Händewaschen mit kaltem Wasser.

Internet

Während Ihrer Haftzeit werden Sie im Gefängnis nicht ins Internet können. Denken Sie daran, Ihrem Partner ggf. Passwörter etc. zu geben, damit er in Verträge oder Email-Konten Einblick nehmen kann.

Kameras

Eine JVA ist kein Kinderspielplatz und daher in der Regel kameraüberwacht. Natürlich können die Aufseher nicht alles immer sehen, dazu sind es zu viele Kameras. Sie können aber sicher sein, dass Ihr Fluchtversuch filmisch einwandfrei festgehalten wird. Ein Gefangener, der Ihnen eins überbraten will, wird dies in der Regel an Stellen tun, wo niemand filmt. (z.B. in ihrer Zelle, in der Dusche, im Treppenhaus oder wo auch immer). Verlassen Sie sich also nicht auf die Sicherheit der Kameras. Teilweise zeichnen diese auch nicht auf, sondern werden nur live übertragen.

Kissen

In den deutschen JVAs sind Kissen häufig nur dünne, plastiküberzogene Schaumstoffstreifen, die extra dünn sind, damit man darin nichts versteckt. Auf Ihr Daunenkissen werden Sie verzichten müssen. Auch die Zudecke ist häufig eine grobe Pferdedecke, über die Sie einen Bettbezug ziehen dürfen. Sie sind im Gefängnis und nicht in Bullerbü. Sollten Sie etwas korpulenter sein oder beim Arzt gescheit auftreten können, gelingt es Ihnen vielleicht, aus medizinischen Gründen ein vernünftiges oder wenigstens ein zweites Kopfkissen zu erhalten. Oder auch eine zweite Matratze.

Kleiderkammer

Dort erhalten Sie Ihre Erstausstattung und dort lagert auch das, was man Ihnen bei der Einweisung abgenommen hat (EC-Karte, Gürtel, Kosmetik-Artikel etc.). Dies nennt man häufig „Habe". In dieser Kammer bekommen Sie auch den Fernseher oder Wasserkocher, wenn sie einen Leihvertrag abgeschlossen haben. Beachten Sie, dass Sie nicht beliebig oft Kleidung von draußen empfangen dürfen. Häufig ist das auf 2-3x pro Quartal beschränkt. Erkundigen Sie sich auf der Homepage Ihrer JVA, ob Sie Angaben dazu finden. Es ist also u.U. nicht zielführend, wenn der Ehepartner 4x in der Woche dort auftaucht, um etwas abzugeben, weil er dadurch u.U. ein Einlieferkontingent verbraucht und dann nichts mehr bringen darf, was sie vielleicht einen Monat später brauchen.

Kleidung

In der U-Haft dürfen Sie zumeist ihre eigene Kleidung tragen. Sie dürfen aber nicht ihren ganzen Kleiderschrank mitnehmen, sondern pro JVA werden Höchstmengen definiert. Da die Kleiderschränke in den Zellen häufig sehr übersichtlich sind und nur begrenzt Platz bieten, macht dies auch Sinn. Die meisten Gefangenen haben einen Jogginganzug oder Sporthose und T-Shirt an, häufig auch Trainingshose und T-Shirt. Beispielhaft sei hier für die JVA Freiburg aufgeführt, was Sie

dort in der Zelle an erlaubten Kleidungsstücken
haben dürfen:

- 15 Unterhosen
- 15 Unterhemden oder T-Shirts
- 15 Paar Socken
- 4 Oberhosen
- 2 Oberhemden
- 4 Sporthosen, kurz
- 3 Joggingjacken
- 3 Jogginghosen
- 2 Pullover
- 4 Sweatshirts
- 1 Wind- oder Regenjacke
- 1 Jacke oder Obermantel
- 5 Handtücher
- 3 Badetücher
- 6 Geschirrtücher
- 2 Paar Halbschuhe
- 3 Paar Sportschuhe
- 3 Paar Badeschuhe
- 2 Paar Hausschuhe
- 2 Paar Sandalen
- 2 Garnituren Bettwäsche (dreiteilig)
- 1 Bademantel
- 2 Mützen aus Wolle oder Stoff
- 3 Paar Schlafanzüge

All dies können Sie auch privat mitbringen o-
der sich bringen lassen. Oben angegebene Mengen
sind die Höchstmengen, die Sie auf der Zelle haben dürfen. Wenn Ihnen Ihr Partner also 2 Paar
Halbschuhe bringt, müssen Sie ggf. 2 Paar

Gefängnisschuhe wieder abgeben, die Ihnen zur Verfügung gestellt wurden.

Es gibt Kleidungsstücke, die in der JVA meist nicht erlaubt sind, z.B. HANDSCHUHE, Lederjacke, Steppjacke oder Kapuzen-Pullis.

Im Regelfall darf ein Neuzugang anfangs 2x eine Wäscheanlieferung von draußen bekommen, anschließend nur noch 1x pro Quartal. Wenn Ihnen jemand etwas von draußen bringt, dann möglichst gesammelt, ansonsten „verbrauchen" Sie unnötig ihr Potential an möglichen Anlieferungen.

Eine Garnitur „anständiger Kleidung" wird in der Wäschekammer für etwaige Besuche bei Gericht etc. zur Seite gelegt, in der Regel wird dies eine lange Hose, ein Gürtel, ein Oberhemd, ein paar Halbschuhe sein. Sie sollten so etwas, wenn Sie es nicht schon bei Einlieferung anhatten, dort anliefern lassen, damit es separiert werden kann. Ansonsten sitzen sie bei Gerichtsterminen im Anstalts-Trainingsanzug dort, in dem Sie sich vielleicht nicht so wohl fühlen.

Kühlschrank

In der U-Haft gib es in der Regel keinen Kühlschrank auf der Zelle, auch nicht auf Antrag. Dies ist im Sommer ein Problem, da manche

Lebensmittel wie z.B. Milch oder Margarine in Wochen-Mengen 1x in der Woche bei Ihnen abgegeben werden und Sie sich dann Gedanken machen müssen, wie Sie das wohl lagern. Manchmal gibt es auf den Gängen einen zentralen Kühlschrank, in dem Sie so etwas lagern können, aber: Wollen Sie morgens um 6:45 2 Stockwerke in den Keller runterklettern, um sich die Margarine abzuholen? Diese Kühlschränke sind üblicherweise auch verschlossen und nur ein Schänzer oder Schließer hat den Schlüssel.

Langzeitbesuch

Können Sie sich während der U-Haft meistens abschminken. Mit Langzeitbesuch ist gemeint, dass Ihre Frau oder Kinder länger als 30 Minuten bleiben können und Sie ggf. sogar ein unbeobachtetes Zimmer benutzen können. Da Staatsanwälte i.d.R. schon den Kontakt zum Partner nur unter Aufsicht zulassen, bevor verhandelt wurde, haben Sie darauf während der U-Haft wenig Aussicht. Wer länger im Gefängnis ist, kann nach 3 Monaten Gefängnis anfangen, das zu beantragen. Allerdings nur mit Leuten, die man schon länger kennt und das auch nachweisen kann.

Lebendkontrolle

Ab und zu schauen die Schließer nach, ob Sie noch da sind und noch leben. Dazu dient beispielsweise der morgendliche Aufschluss. Häufig nur Tür auf und Tür wieder zu. Beispielsweise am Wochenende.

Medikamente

Medikamente verschreibt Ihnen der Anstaltsarzt und gibt sie Ihnen beim Besuch entweder gleich mit oder lässt sie über den Stockwerksbeamten in das Stockwerksbüro bringen. Sie erhalten Medikamente häufig in einem Papierbeutel, der auch als Wiedervorlagerezept gilt. Gehen die Medikamente zu Ende, über den Stockwerksbeamten den leeren Beutel mit einem Vermerk „bitte neu" zum Arzt leiten lassen, der den Beutel wieder füllt.

Müll

Sie haben in Ihrer Zelle einen Mülleimer, für den es Nachschub-Mülltüten beim sogenannten Schänzer gibt, einem Gefangenen, der sich für solche organisatorischen Aufgaben bereit erklärt hat und im Gegenzug dafür etwas Geld bekommt. Wenn Sie zum Hofgang gehen, können Sie den Müll in der Regel mitnehmen und an einer Sammeltonne entleeren. In der Praxis werden Sie dies nur 2-3x in der Woche machen.

Nachtverschluss

Über Nacht werden alle Gefangenen eingeschlossen. Das Personal draußen zur Kontrolle wird auf ein Minimum reduziert. In Notfällen können Sie sich durch eine Sprechanlage meist dennoch beim Personal melden. Mit Notfall ist aber nicht „Ich habe Hunger" oder „Ich habe Durchfall" gemeint, sondern, wenn Sie einen Herzinfarkt haben oder Ihr Zellengenosse Sie gerade absticht. Nutzen Sie den Notruf nur in wirklichen Notfällen. Nachts ist auch die Zeit, in der Sie in aller Ruhe auf das Töpfchen in Ihrer Zelle gehen können. Im Gegensatz zum Tag müssen Sie das nicht in der Angst tun, dass plötzlich die Tür aufgeht, wenn Sie auf dem Klo sitzen. Die Wahrscheinlichkeit, dass nachts die Tür aufgeht, geht gegen Null.

Pakete

Sie können in der Haftanstalt auch Pakete empfangen. Dies ist aber von JVA zu JVA unterschiedlich geregelt. Meist müssen Sie vorher beantragen, von wem Sie ein Paket erhalten wollen und was drin ist. Das Meiste, was Sie wollen, werden Sie nicht dürfen. Häufig sind z.B. Lebensmittel verboten. Relativ leicht können Sie Pakete mit Büchern von Buchversendern erhalten. Aber auch das müssen Sie meist vorher beantragen, weil es ansonsten an den Absender retourniert wird.

Pflanzen

Die meisten JVAs haben ein gestörtes Verhältnis zu Pflanzen, weil die Erde in den Blumentöpfen gerne als Versteck für Drogen, Handys oder Waffen benutzt wird. Die Erde müsste bei jeder Kontrolle komplett durchsucht werden, - darauf haben JVA-Bedienstete aus verständlichen Gründen keine Lust. Es gibt aber JVAs, die das zulassen. Erkundigen Sie sich danach. Manche JVAs lassen auch kleine Haustiere wie Wellensittiche oder Fische bei Langzeitgefangenen zu. Auf ihren Hund oder Katze werden sie allerdings verzichten müssen…

Post

Sie können im Prinzip während der U-Haft beliebig Briefe versenden, wenn Sie Stift, Papier, Umschlag und Briefmarke haben. Ein paar Blätter und einen Kuli wird man Ihnen ebenso wie Umschläge in den ersten Tagen gerne zur Verfügung stellen, danach dürfen Sie das gerne beim 14-tägigen Einkauf gegen Bezahlung einkaufen. Gehen Sie davon aus, dass alle ausgehende und eingehende Post von Ihnen und an Sie von der Staatsanwaltschaft gelesen wird und u.U. in Ihrer Strafakte in Kopie oder im Original landet. Zur vorgeworfenen Tat selber sollten Sie sich daher in diesen Briefen nach Möglichkeit nicht äußern. Der Umweg über die Staatsanwaltschaft kostet natürlich Zeit. Im Regelfall benötigt ein Brief innerdeutsch so ca. 1

Woche bis zum Empfänger. Ist die Staatsanwaltschaft überlastet, kann dies auch 2 oder 4 Wochen
dauern, - das sollte aber nicht der Regelfall sein.

Nicht kontrolliert wird Post von und zum Rechtsanwalt, der ihr Verteidiger ist, wenn dies eindeutig
als Verteidigerpost gekennzeichnet ist.

Nicht kontrolliert wird auch die Post an eine Reihe
von offiziellen Empfängern, die sie zumeist der
Hausordnung entnehmen können, z.B. Bundesprä-
sident, EU-Präsident, Bundestagsabgeordnete etc.
Wenn Sie sich also dort beschweren wollen, darf
dies nicht vorher von Gefängnisangestellten oder
der Staatsanwaltschaft gelesen werden. Allerdings
sollten Sie nicht erwarten, dass sich der Bundes-
präsident dafür interessiert, dass es im Gefängnis
immer die gleiche Salatsauce gibt.

Briefmarken können Sie zu Lasten Ihres Gefan-
genenkontos (nennt sich im Gefängnis Eigengeld)
kaufen, i.d.R. alle 14 Tage bei einem Einkauf, der
dann eine Woche später geliefert wird. Wenn Sie
Pech haben, stehen Sie also knapp 3 Wochen erstmal ohne Briefmarken da. Für solche Notfälle gibt
es häufig für neue Häftlinge eine Not-Express-Be-
stellmöglichkeit für Briefmarken, - fragen Sie danach.

Jeder, der Ihnen Briefe schreibt, darf übrigens eine
überschaubare Anzahl an Rückporto-Marken in
den Brief an Sie stecken. Häufig ist das auf 3 Marken pro erhaltenen Brief beschränkt. Teilen Sie

das Ihren Verwandten mit, damit Sie immer ausreichend Briefmarken vorrätig haben.

Post für Sie erhalten Sie - sofern Ihnen jemand schreibt – täglich im Stockwerksbüro Ihres JVA-Traktes. Häufig zur Selbstabholung dort während der Aufschlusszeiten. Der Beamte guckt – nach der Staatsanwaltschaft – auch noch mal in die Post.

Psychologe

Jedes Gefängnis beschäftigt auch mindestens einen Psychologen. Im Regelfall wird Ihnen ein Gespräch kurz nach Einlieferung angeboten. Bevor Sie sich in der Zelle aufhängen, ist ein Gespräch ggf. sinnvoll. Vielleicht ist nicht alles so aussichtslos, wie Sie es betrachten. Äußern Sie ggü. dem Psychologen die Neigung zum Suizid oder machen den Eindruck, dass Sie sich umbringen könnten, wird er in einem ersten Schritt regelmäßig eine Gemeinschaftszelle für Sie vorsehen, falls Sie die noch nicht haben. Der andere Gefangene soll dann auf Sie aufpassen. Reicht das noch nicht, ist auch eine Verlegung in ein Gefängniskrankenhaus möglich, wo Sie dann unter ständiger Beobachtung stehen. Manche Gefängnisse haben auch bestimmte Zellen, wo Sie in sehr engen Takten kontrolliert werden, gerne auch im 10-Minuten-Takt oder per ständiger Videoüberwachung, um Selbstmorde zu verhindern. Überlegen Sie sich also gut, ob Sie dem Psychologen erzählen, dass Sie sich aufhängen wollen.

Raucher

In den Gefängnissen raucht fast jeder Gefangene.
Das Rauchen in der Zelle und auf dem Hof ist in
der Regel erlaubt, - das Rauchen in Gemein-
schaftsräumen oder Fluren dagegen nicht. Aus
Kostengründen werden Zigaretten in der JVA
i.d.R. selber aus Tabak gedreht. Diese Tabakpäck-
chen werden in der JVA häufig zur Zweitwäh-
rung, weil ja Bargeld verboten ist. Alle 14 Tage
kann man Tabak beim Einkauf bestellen, - es exis-
tieren aber Höchsteinkaufsbeträge und diejenigen,
die extrem tabak-abhängig sind, sind häufig auch
die, die nur über einen schmalen Geldbeutel verfügen.
Gegen Tabak gibt es im Gefängnis fast alles. Tabak wird – verbotenerweise – im Gefängnis häufig
gegen Zinsen verliehen oder als Bezahlung für sexuelle Dienste genommen.
Nichtraucher haben oft den Vorzug, in eine Einzelzelle zu kommen, - weil sie schlichtweg nicht
mit Rauchern in eine Zelle gesperrt werden dürfen
und es kaum andere Nichtraucher gibt. Arme
Schlucker auf dem Gefängnishof sammeln aus
dem Müll oder dem Boden gerne auch weggeworfene Zigarettenstummel von anderen auf, um daran noch einmal zu ziehen. Diese Gefangenen erkennen Sie häufig an den Ekzemen rund um den
Mund. Für eine Packung Tabak bekommt im Gefängnis fast alles, auch Duschgel, Getränke, Schokolade etc. – ein ideales Tauschmittel. Solche
Täusche sind in der Regel verboten.

Ruhezeit

Von JVA zu JVA unterschiedlich, aber in der Regel von 22 Uhr bis 6 Uhr. In den meisten JVAs können Sie theoretisch die ganze Nacht Fernsehen gucken oder auf der Zelle tanzen. Das ist ihr Problem. Sie dürfen es aber nicht zum Problem von andern machen, d.h. nur auf Zimmerlautstärke das TV-Gerät laufen lassen. Hier ist es wie im Leben: Rücksicht nehmen. Sie werden allerdings im Gefängnis die Erfahrung machen, dass dies nicht allen Gefangenen gleichermaßen liegt. Die Menschen, die in der JVA leben, sind nicht nur ein Querschnitt der Bevölkerung, wo es ja auch schon einige Idioten gibt, sondern hier sind bestimmte Schichten besonders häufig vertreten. Die z.B., die auch gerne im Auto das Radio auf laut stellen und mit dem Ellenbogen im offenen Fenster die Straße rauf und runter fahren. Wenn so einer in der Zelle neben Ihnen liegt und dann bis 24 Uhr Bob Marley hört, schauen Sie am besten selber auch TV oder machen das Fenster zu. Hört er auch um 2 Uhr nachts damit nicht auf, sollten Sie erwägen, ihn zunächst selber zu fragen, ob das unbedingt sein muss oder ggf. einen Schließer darum bitten, mit ihm zu reden. Ist Ihr Zellennachbar viel breiter als Sie und gehört der organisierten Kriminalität an, sollten Sie sich überlegen, ob Sie die Musik nicht auch toll finden.

Schamvorhang

Mit einem Vorhang ist zumeist das WC in ihrer Zelle vor direkten Blicken ihrer Zellengenossen gesichert. Sie sollten sich besser nicht fragen, wie lange der Schamvorhang schon da hängt und welche Gerüche da die letzten 30 Jahre schon durchgegangen sind. Ein solcher Vorhang geht häufig auch nicht bis zum Boden, sodass man Knie oder Beine dennoch sehen kann. Er verhindert auch nicht, dass ihr Zellengenosse den zur Seite macht, wenn er das für richtig hält. Auch ist er nur suboptimal zum Aufhalten von Geräuschen und Gerüchen geeignet. Sitzen Sie tagsüber auf dem Klo, müssen Sie jederzeit damit rechnen, dass jemand reinkommt, der im Regelfall weder vorher klopft, noch klingelt, sondern einfach die Tür aufmacht. Ein besonders beruhigendes Gefühl ist das nicht. Die meisten Gefangenen nutzen die Toilette überwiegend nachts, - wenn man Ruhe vor Besuchen hat. Tagsüber dient diese häufig zur Beseitigung von Speiseresten, was aber verboten ist, weil es Ratten in den Abflussrohren anzieht.

Schänzer

Unter einem Schänzer oder Stockwerksschänzer versteht man einen Gefangenen, der den Bediensteten der JVA etwas unter die Arme greift. Im Regelfall gibt es pro Flur oder Stockwerk einen. Dies ist ein Gefangener, zu dem die JVA ein besonderes Vertrauen hat. Er bekommt etwas Geld für seine Tätigkeit und seine Tür ist über weite Teile des Tages offen, was viele Schänzer als Vorteil ansehen. Aber er muss auch etwas dafür tun. Zu seinen Tätigkeiten gehören häufig:

- Ausgabe von Klopapier an Gefangene (i.d.R. immer nur 2 Rollen pro Abholung)
- Ausgabe von Mülltüten an Gefangene
- Abwicklung des Wäsche-Einsammelns und des Handtuchtauschs aller Gefangener
- Reinigung der Flure und Duschen und deren Desinfektion
- Verteilung des Essens an die Gefangenen
- Zurverfügungstellung von heißem Wasser an Gefangene, die keinen Wasserkocher haben

Es empfiehlt sich, einen guten Kontakt zu diesem Schänzer aufzubauen, ggf. auch zu Schänzern anderer Stockwerke. Diese haben häufig guten Kontakt zu anderen Mitgefangenen, gelten als Multiplikatoren und haben auch einen guten Draht zum Personal. Seien Sie stets freundlich zu ihm. Dann müssen Sie sich nicht wundern, wenn Sie auch mal etwas mehr Pommes bekommen, wenn es um die Essens-Verteilung durch ihn geht...

Scheinwerfer

Die Leitung Ihres Gefängnisses möchte gerne verhindern, dass nachts alle Gefangenen aus dem Fenster klettern und fliehen. Damit das nicht passiert, wird eine Reihe von Maßnahmen ergriffen. Eine Maßnahme ist, dass Flutlichtstrahler die Gefängnismauern mit den Fenstern die ganze Nacht anstrahlen. Da sie häufig nur unzureichende Fenstervorhänge in der Zelle haben werden, hat dies zur Folge, dass eine totale Dunkelheit in der Zelle nicht eintreten wird. Daran werden Sie sich gewöhnen müssen. Mit dieser hellen Ausleuchtung möchte man auch verhindern, dass sich Gefangene mit Hilfe von Kordeln und Schnüren (z.B. aus Schnürsenkeln) von Zelle zu Zelle Gegenstände befördern, in dem sie etwas an diesen Schnüren weiter-pendeln. In der Praxis fehlt es den Gefängnissen aber häufig an ausreichend Personal, um das wirksam zu unterbinden, sodass das nicht komplett unterbunden werden kann.

Schub

Mit Schub ist die sogenannte Schubabteilung genannt. Das sind die Zellen, in die Sie bei einer Einlieferung als Erstes eingeliefert werden. Von dort aus erfolgt eine Weiterverteilung auf den Trakt, wo Sie dann voraussichtlich länger bleiben. Jeder Neuankömmling kommt zunächst in die Schubabteilung, nachdem ihn z.B. die Polizei in der JVA abgeliefert hat. Solange, bis die JVA sich entschieden hat, auf welche Zelle, in welche Abteilung man Sie verlegt. Häufig sind Sie nur 1-2 Tage im Schub, manchmal auch länger, - wenn z.B. eine Zelle in dem eigentlich für Sie vorgesehenen Trakt nicht frei ist.

Schulden

Ein Gefängnisaufenthalt schützt Sie weder vor Schulden noch vor Gläubigern. Haben Sie bereits vorher Schulden gehabt, können Gläubiger auch im Gefängnis vollstrecken, - Ihnen sogar einen Gerichtsvollzieher in die Zelle schicken und dort Dinge beschlagnahmen lassen. Auch das Eigengeld-Konto kann gepfändet werden. ABER: In der Praxis gibt es in den Zellen häufig nicht viel zu pfänden und für das Eigengeldkonto gelten Pfändungsfreigrenzen. Informieren Sie sich darüber und treffen Sie entsprechende Maßnahmen. Suchen Sie ggf. den Kontakt zu einem Schuldenberater. Die Zeit im Gefängnis kann so ggf. zu einer Entschuldung (Insolvenz mit Restschuldbefreiung) genutzt werden. Hier müssen Sie sich beraten lassen. Der Sozialberater im Gefängnis hilft Ihnen. Auch wenn dem Partner zuhause der Wohnungsverlust droht, weil z.B. ein Verdiener wegfällt, gibt es hier Lösungen: Übergangslösungen und endgültige Lösungen. Suchen Sie den Weg zum Sozialberater im Gefängnis und lassen Sie sich beraten, bevor Ihr Partner die Wohnung verliert, nur weil Sie im Gefängnis sitzen.

Schwarzes Brett

Häufig gibt es in jedem Gefängnistrakt ein schwarzes Brett, eine Art Infotafel oder Schaukasten, wo die Hausordnung aushängt oder Termine angekündigt werden. Z.B. Termine für den nächsten Einkauf oder den nächsten Friseurbesuch. Häufig hängt dort auch aus, wieviel Geld Sie pro Einkauf ausgeben dürfen oder wie die Pfändungsgrenzen auf ihrem Konto sind. Den Speiseplan für die Folgewoche sehen Sie hier auch. Sie haben im Gefängnis viel Zeit. Nutzen Sie diese, um sich über Ihre Rechte und Möglichkeiten zu informieren. Wenn es in Ihrem Gefängnis einen Gefangenen-Beirat, Seelsorger oder ähnliches gibt, ist dort in der Regel auch zu entnehmen wo und wann dieser kontaktiert werden kann. Auch finden sie dort i.d.R. die Adressen und Namen der Anstaltsleitung, bzw. des Justizministers, wo Sie sich über diesen beschweren können, - falls dies erforderlich sein sollte. Hier sollte jedoch immer die Verhältnismäßigkeit gewahrt bleiben. Versalzene Erbsensuppe wird den Justizminister nicht interessieren, wohl aber das Angebot eines Schließers, Ihnen ein Handy in die Zelle zu schmuggeln. Vorbringen sollte man nur, was man auch beweisen kann, - sonst geht der Bumerang nach hinten los.

Sex

Gefängnisse sind im Regelfall nach Geschlechtern getrennt, sodass häufig nur gleichgeschlechtliche Beziehungen möglich sind. Dies ist im Prinzip bei einvernehmlichen Beziehungen nicht verboten. Häufig werden aber Homosexuelle in Gefängnisse herablassend behandelt oder ausgenutzt. Überlegen Sie sich daher, ob es sinnvoll ist, dies unter diesen Umständen offen auszuleben. Den

Justizangestellten ist es im Regelfall untersagt, Beziehungen zu Gefangenen zu unterhalten. Wer länger im Gefängnis ist, kann beantragen, zumindest zeitweise mit anderen Gefangenen eingeschlossen zu werden (Umschluss). In Gefängnissen gibt es regelmäßig auch nicht-einvernehmlichen Sex. Wer länger im Gefängnis ist, hat u.U. Anspruch auf einen Langzeitbesuch und damit auch auf Sex mit seinem Partner in besonderen Räumlichkeiten. Während der Untersuchungshaft wird dies im Regelfall aber nicht vorkommen, da diese häufig nur wenige Monate andauert und man Ihnen dann zumutet, für diese Zeit darauf zu verzichten. Wer jedoch länger als 6 Monate oder 12 Monate in U-Haft ist, kann sich Hoffnungen auf eine Genehmigung machen. Ob ein solches Treffen incl. Zwangsbeglückung für beide Seiten dann besonders erquicklich ist, muss jeder für sich beurteilen.

Sozialarbeiter

Gibt es in jeder JVA. Füllen oft so eine Art Pufferfunktion zwischen JVA-Betrieb und Gefangenem aus. Hier gibt es Hilfe für die Partner draußen, die auch dort anrufen können. Schnell muss z.B. geklärt werden, ob der Partner die Wohnung noch halten kann. Hier bekommen Sie auch mal eine Briefmarke, wenn Sie keine mehr haben oder Kontakt zu einem Drogenbeauftragten, wenn das Ihr Problem ist. Oder zu einem Schuldenberater. Oder Antworten auf Fragen rund um Arbeit in der

JVA. Auch wenn Sie den Eindruck haben, dass Sie mit den anderen Angestellten nicht richtig weiterkommen, kann der Sozialarbeiter manchmal der Schlüssel zum Erfolg sein. Ein gutes Verhältnis schadet nicht.

Speiseplan

In der JVA wird das Essen für mindestens 1-2 Wochen im Voraus geplant. Ein Speiseplan hängt zumeist am schwarzen Brett aus, sodass Sie sehen können, was es jeden Tag zu essen geben wird. Wer besonderes Essen braucht, z.B. Vegetarisch, koscher, vegan oder was auch immer, erhält dies im Rahmen der Möglichkeiten in der Regel auch. Ob dies dann immer so abwechslungsreich ist, ist eine andere Frage.
Das Essen für den Mittag wird häufig an der Zellentür ausgegeben und abends erhält man Abendessen zusammen mit dem Frühstück für den nächsten Morgen – ebenfalls an der Zellentür. In einigen wenigen JVAs gibt es zentrale Speiseräume. Abends werden Sie häufig mit Brot und Wurst oder Brot und Käse rechnen müssen. Ab und zu dazu ein Stück Obst. Morgens gibt es Brot und Marmelade o.ä. Der Einfachheit halber erhalten Sie i.d.R. alle 2-3 Tage eine Packung mit Schnittbrot, sodass dann abends nur die Scheibe Wurst für das Abendessen und eine Packung Marmelade für das Frühstück ausgegeben werden müssen.

Bestimmte Lebensmittel wie Milch und Margarine erhalten Sie einmal in der Woche für die ganze Woche. Viel Spaß beim Aufbewahren ohne Kühlschrank! Gleiches gilt für Zucker, der Ihnen alle 2-3 Wochen ausgehändigt wird, wenn Sie dies wünschen. Trinken können Sie Wasser aus dem Wasserkran oder aber beim Einkauf gekaufte Getränke (alle 2 Wochen bestellbar). Wer einen Wasserkocher hat, kann sich Warmgetränke machen, wenn er entsprechende Teebeutel oder Instant-Kaffee eingekauft hat. Für Leute, die keinen Wasserkocher haben, besteht die Möglichkeit, heißes Wasser beim Schänzer zu beziehen. Ob der Sie allerdings besonders liebgewinnt, wenn sie jeden Tag diesen Wunsch äußern, sei dahingestellt.

Sport

In allen JVAs gibt es die Möglichkeit, an Sportgruppen teilzunehmen. Häufig sind dies z.B. Fußball, Handball, Tischtennis o.ä. Schauen Sie sich an, wer aus Ihrem Trakt dorthin geht und entscheiden Sie dann, ob Sie das möchten. Manchmal sind diese Sportgruppen auch zu unmöglichen Uhrzeiten, die wenig motivierend sind. Häufig besteht auch beim Hofgang die Möglichkeit, etwas Sport zu machen. Einige Gefangene macht regelmäßig Fitnessübungen wie Klimmzüge oder Liegestützen während des Hofgangs. Andere spielen mit einem Ball. Häufig gibt es aus Sicherheitsgründen nur Schaumstoffbälle, was nur begrenzt lustig ist.

Machen Sie keinen Sport in einer Gruppe, sollten Sie sich in Ihrer Zelle etwas bewegen. Für Liegestützen und Kniebeugen ist jede Zelle groß genug.

Spraydosen

Spraydosen aller Art sind im Regelfall in der JVA verboten, - dies gilt z.B. auch für Deospray und Rasierschaum. Wegen der enthaltenen Gase könnten sie als Waffe eingesetzt werden, was man vermeiden will. Sie müssen also ggf. auf Deoroller und Rasiercreme aus der Tube zurückgreifen.

StPO

Unter StPO versteht das Gericht und Ihr Anwalt die Strafprozessordnung. In dieser sind alle Ihre Rechte im Strafprozess aufgeführt. Ein solches Druckwerk finden Sie im Regelfall auch in der JVA-Bibliothek. Lesen Sie es sich gut durch. Sie haben viel Zeit. Nur wer seine Rechte kennt, kann sie auch wahrnehmen. Nach Lektüre fällt Ihnen das Verstehen so manchen Anwaltsschreibens auch leichter.

Tagesablauf

Ein typischer Tagesablauf in der Woche sieht wie folgt aus:

0:00 bis 06:45 Uhr:	Eingesperrt sein in der
Zelle	
06:45 Uhr:	Zellentür wird geöffnet,
	Sie können ins Büro des
	Stockwerksbeamten und
	Dinge regeln
07:05 Uhr	Zellentür wird verschlos-
sen	
11:45 Uhr	Zellentür wird geöffnet,
	um Essen hereinzu-
	reichen, sofort wieder ver-
	schlossen
14:30 Uhr	Zellentür wird geöffnet,
	Sie können sich frei auf
	dem Flur bewegen, z.B.
	Post holen oder duschen
15:30 Uhr-16:30	Hofgang draußen 1h*
16:30 Uhr	Rückkehr ins Gebäude
16:55 Uhr	Aushändigung Abendes-
	sen und Frühstück für
	nächsten Tag, Zellenab-
	schluss
16:55 bis 0:00	Zelle bleibt verschlossen

*= Wer am Hofgang nicht teilnimmt, wird in sei-
ner Zelle eingeschlossen.

Tätowierungen

Sie werden im Gefängnis feststellen, dass viele der Gefangenen tätowiert sind. Warum auch immer. Wenn Sie beim Hofgang (besonders im Sommer) einmal genau hinschauen, werden Sie bestimmte Muster bei bestimmten Gefangenengruppen immer antreffen. So haben Hells Angels häufig eine „81" eintätowiert, manche mafiösen Strukturen haben ebenfalls gleichartige Tätowierungen, was das Erkennen und Zusammengehörigkeitsgefühl erleichtern soll. Wer sich tätowieren lassen will, soll das tun.

Abzuraten ist allerdings von den in Gefängnissen üblichen Tätowierarbeiten, bei denen häufig unzureichend hygienisches improvisiertes Werkzeug benutzt wird, was zu zweifelhaften Ergebnissen führt.

Wer nach seiner Entlassung vorhat, weiterhin Banken und Spielcasinos zu überfallen, sollte sich fragen, ob es die Täterbeschreibung und damit auch eine potentielle erneute Festnahme wesentlich erschwert, wenn man die Namen seiner beiden Kinder auf der Stirn tätowiert hat. Schon so mancher Straftäter ist anhand seiner Tätowierung identifiziert worden. Spätestens bei der Einlieferung in das Gefängnis werden alle Ihre Tätowierungen genau protokolliert. Wer auf dem Hals einen Totenkopf tätowiert hat, beweist zwar seinen Mitgefangenen, dass er Schmerz aushalten kann, macht es aber Ermittlungsbehörden wesentlich leichter, ihn das nächste Mal festzunehmen, wenn der Zusammengeschlagene sich an nichts erinnert, außer an ihr Tattoo.

Telefonieren

Ja, Sie dürfen in der Anstalt auch telefonieren. Allerdings nicht mit einem Handy, schon gar nicht mit Ihrem. In der Regel hängt in jedem Gebäude ein Münz- oder Karten-Fernsprecher, für dessen Benutzung strenge Regeln gelten. Sie müssen in der Regel VORHER beantragen, mit wem Sie telefonieren wollen. Mit Ihrem Anwalt können Sie – ohne abgehört zu werden – so oft telefonieren, wie Sie wollen. Gerne auch täglich. Zumindest theoretisch.

Mit Ihrem Partner in der Regel nur alle 10 oder 14 Tage einmal für maximal 10 oder 20 Minuten. Dies ist von JVA zu JVA unterschiedlich. In der U-Haft werden solche Telefonate regelmäßig von JVA-Angestellten mitgehört. Sie dürfen nicht über die Tat sprechen, sonst wird das Gespräch unterbrochen. Einige JVAs zeichnen das Gespräch auch auf und stellen den Staatsanwälten einen Mitschnitt zur Verfügung. „Hör mal Schatz, lass die Waffe aus dem Schuhschrank verschwinden" ist sicher ein Satz, der Ihnen bei der nächsten Gerichtsverhandlung wieder begegnet. Sie werden über Abhör- und Mitschnittmaßnahmen vorher informiert.
In der Regel stehen Sie dann beim Telefonieren auf einem Flur, wo zahlreiche Gefangene in ihrer

Nähe sind und mithören. Seien Sie sich dessen bewusst. Ein Satz wie „Kuschelbärchen ich vermisse Dich so" wird Ihnen daher bei den nächsten 100 Hofgängen aufs Brot geschmiert. Seien Sie sich dessen bewusst. Ein Gefängnis ist kein Ponyhof. Telefonate muss man natürlich bezahlen. Der Regelfall ist, dass Sie vorher eine Prepaid-Karte eines Telefonproviders in der JVA erwerben müssen.

Tiere

In der U-Haft werden Sie in der Regel keine Tiere halten dürfen. Bei längeren Haftstrafen können kleinere Tiere wie Wellensittiche oder Zierfische gehalten werden – wenn die Anstalt dies erlaubt. Ansonsten werden Sie als U-Häftling allenfalls Mücken im Sommer im Zimmer erleben oder Kakerlaken im Keller. Und Vögel auf dem Hof.

Toilettenpapier

Klopapier erhalten Sie vom Schänzer. Immer nur zwei Rollen. Disponieren Sie rechtzeitig neue Rollen. Nichts ist so ärgerlich, wie kein Klopapier zu haben und der Schänzer ist nicht da, weil er z.B. selber einen Anwaltstermin hat....

Überbrückungsgeld

Wer lange im Gefängnis ist, wird häufig beim Entlassenwerden finanzielle Probleme haben. Damit die etwas kleiner sind, spart die JVA für Sie monatlich. Allerdings nur dann, wenn Sie auch arbeiten gehen und dort etwas Geld verdienen. Dann legt die JVA davon jeden Monat etwas zur Seite, was Sie bei der Entlassung ausgezahlt bekommen. Wieviel das ist, ist in Vorschriften genau geregelt. Es ist in der Regel für einen Neustart zu wenig. Die meisten Untersuchungsgefangenen arbeiten aber nicht, sodass sich ein solcher Topf erst gar nicht bildet und dann auch nicht ausgezahlt werden kann.
Der Vorteil ist, dass es einem Pfändungsschutz unterliegt, falls einer ihrer Gläubiger so vorwitzig ist, in der JVA einen Vollstreckungsversuch zu starten. Fragen Sie Ihren Sozialarbeiter nach den exakten Beträgen und Verhältnissen, wenn Sie dazu in der Hausordnung der JVA nichts finden.

Umschluss

Auf Antrag können Gefangene tagsüber auch zusammen eingeschlossen werden, z.B. für sexuelle Handlungen oder zum gemeinsamen Lernen (bei Weiterbildungen z.B.). Dies ist aber die Ausnahme. Überlegen Sie sich gut, ob Sie so etwas beantragen wollen. Sie können auch den Raum dann nicht nach Belieben verlassen. Auch dann nicht, wenn der Mitgefangene andere Vorstellungen vom Verbringen der Zeit hat als Sie oder Sie aufs Töpfchen müssen. Daher will das wohlüberlegt sein. Wer mit wem zusammengeschlossen wird, wird genau dokumentiert und von Mitgefangenen genau wahrgenommen und unterschiedlichst interpretiert. Wohlwollende Interpretationen sind nicht die Regel.

Verlegung

Manchmal wird man in eine andere Haftanstalt verlegt. Dies ist häufig der Fall, wenn weitere Täter einer gleichen Straftat ins Gefängnis kommen. Mehrere Täter derselben Straftat bringt man häufig in unterschiedlichen Gefängnissen unter, um Absprachen im Gefängnis zu verhindern. Dazu wird dann einer von beiden (oder mehreren) mit einem Gefangenentransport in eine andere JVA verbracht. Gefangenentransporte sind – je nach Beförderungsmittel – kein Vergnügen, da häufig in Bussen durchgeführt, in denen eine Art Käfig für jeden Gefangenen installiert wurde. In manchen fehlt die Klimaanlage.

Verteidiger

Bei Strafprozessen empfiehlt sich die Verteidigung durch einen Rechtsanwalt, wenn diese nicht sogar vorgeschrieben ist. Wenn Sie selber einen Anwalt haben und diesen bezahlen können oder die Bezahlung durch Verwandte, Rechtsschutzversicherung oder Freunde sicherstellen können, nennt man dies einen Wahlverteidiger. Die Alternative ist ein Pflichtverteidiger, der vom Gericht benannt wird, - den Sie aber vorschlagen dürfen. Der wird dann in der Regel (auf berechtigten Antrag) vom Staat bezahlt, aber nach festgelegten Vergütungsrichtlinien, die im Regelfall unter denen eines Wahlverteidigers liegen.

Böse Zungen unterstellen, dass solche Pflichtverteidiger dann auch nicht den Ehrgeiz entfachen, den ein Wahlverteidiger bei besserer Bezahlung an den Tag legt.

Wenn Sie selber einen Anwalt auswählen können, sollten Sie keinen Wald- und Wiesen-Anwalt nehmen, sondern einen Strafverteidiger und optimalerweise einen, der auf Ihr Fachgebiet spezialisiert ist. Jemand, der das ganze Jahr Drogendealer verteidigt, wird sich bei einem Drogenhändler und dessen Verteidigung sicher leichter tun, als ein auf Wirtschaftsstrafsachen spezialisierter Anwalt. Im Zweifel hilft google, die Anwaltskammer oder Anwalts-Rankings in Fachzeitschriften.

Ob vermeintliche Staranwälte unbedingt besser sein müssen, bleibt dahingestellt. Auf jeden Fall sind sie teurer. Gute Anwälte nehmen auch gerne einmal 300 bis 600 Euro *pro Stunde* Arbeit, manche auch mehr.

Sie müssen selber entscheiden, was Ihnen Ihre Freiheit wert ist. Ein Anwaltswechsel während einer laufenden Verteidigung sieht immer blöd aus und sollte vermieden werden.

Vollstreckungsplan

In jedem Bundesland existiert ein Vollstreckungsplan, der häufig ergoogelt werden kann oder sich
auf der Homepage des Landes-Justizministers befindet. Dieser regelt, welche Gefangenen in welches Gefängnis kommen. Häufig werden die Gefangenen z.B. nach der Länge der Strafe aufge-
teilt, so gibt es Haftanstalten nur für Schwerver-
brecher mit mehr als 10 Jahren Strafe und welche
für Leute, die nur bis 1-2 Jahre Strafe bekommen,
- gleichsam gibt es Gefängniskrankenhäuser, in
die Gefangene mit Krankheiten oder psychischen
Störungen eingeliefert werden können/sollen.
Sollte eine Verhaftung/Haftstrafe absehbar sein,
kann man hier ersehen, wohin es wahrscheinlich
geht. Dies muss nicht immer in Wohnsitznähe
sein. Untersuchungshaft wird häufig in Wohnsitznähe vollstreckt. Nicht aber zwanghaft bei mehreren an einer Straftat beteiligten Tätern, da diese im
Regelfall getrennt werden, sodass nicht alle am
selben Ort sind.
In begründeten Einzelfällen kann von der Anstalt,
die der Vollstreckungsplan vorsieht, abgewichen
werden.

Vollzugsziel

§2 des Strafvollzugsgesetzes regelt das Vollzugs-
ziel: Kurz: Die Resozialisation. Der Vollzug der
Freiheitsstrafe soll so geartet sein, dass der

Gefangene anschließend in sozialer Verantwortung ein Leben ohne Straftaten führen kann.

Waffe

In einer JVA kann es schon einmal rau zugehen. Jegliche Form von Waffen wie Messer, Pistolen, Tränengas sind natürlich für Insassen tabu, auch die Wärter sind nahezu ausschließlich unbewaffnet, um die Gefahr der Entwaffnung erst gar nicht aufkommen zu lassen. Nichtsdestotrotz basteln sich einige Insassen „Waffen", um anderen zu drohen, sich verteidigen zu können oder andere zu verletzen. Hierbei muss man auf die Dinge zurückgreifen, die in einer Anstalt verfügbar sind. Beliebt ist das Herstellen eines Messers, indem man den Kopf einer Zahnbürste mit einem Feuerzeug erhitzt und dort die Klinge aus einem Einwegrasierer implementiert. Zahnbürste und Einwegrasierer bekommen Sie von der Anstalt sogar gestellt, ein Feuerzeug ist legal zu erwerben. Sie sollten dies nicht nachmachen, aber wenn Ihnen auf dem Flur jemand mit einer Zahnbürste begegnet oder jemand die im Gerangel aus der Tasche zieht, sollten Sie davon ausgehen, dass er Ihnen nicht gegen ihren Willen die Zähne putzen möchte, sondern andere Absichten verfolgt. Abstand gewinnen lautet dann die Devise.

Wäschetausch

Einmal in der Woche können Sie ihre Wäsche (eigene und Anstaltswäsche) zur Wäsche geben. Im Regelfall sammeln Sie diese und geben diese in einem Wäschenetz, welches nummeriert ist, an den Schänzer ab. Dieser hängt Ihnen das 1-2 Tage später wieder gewaschen von außen an die Zellentür. Auf Antrag gibt's auch ein zweites Wäschenetz. Es empfiehlt sich, die Wäschenetze für optimale Waschergebnisse nicht ganz voll zu machen. Das Netzt wird so wie es ist, in große Waschmaschinen gestopft und auch so wieder rausgenommen. Alle Kleidungsstücke sind also zerknautscht, wenn Sie diese bekommen. Ein Bügeleisen gibt es in der Zelle nicht. Mit Falten in der Kleidung müssen Sie sich also anfreunden. Oberhemden sind daher nur bedingt JVA-tauglich. Diese sollten dann bügelfrei sein.

Bettwäsche darf oft nur alle 2-3 Wochen getauscht werden.
Das Gefängnis stellt Handtücher, Geschirrtücher etc. zur Verfügung, die wöchentlich gegen neue 1:1 ausgetauscht werden können, - auch über den Schänzer.

Auf Antrag wäre auch eine Reinigung (kostenpflichtig) Ihrer Kleidungsstücke möglich.

Zahlstelle

In der Zahlstelle der JVA wird Ihr Geld verwaltet.
Wenn Sie im Gefängnis ankommen, wird Ihnen
alles Geld (und ec-, Kreditkarten etc.) abgenommen. Das Geld wird quittiert und innerhalb weniger Tage einem Konto für Sie gutgeschrieben. Im
Optimalfall. Im Gefängnis gibt es komplizierte
Unterkonten für Ihr Geld, z.B. für angespartes
Überbrückungsgeld (für die Zeit nach der Entlassung), über welches Sie nicht verfügen können
und Eigengeld, über das Sie im Rahmen bestimm-
ter Höchstbeträge verfügen können. Daneben gibt
es noch sogenanntes Hausgeld, aus welchem Sie
auch Einkäufe tätigen können. Welche Höchstbei-
träge für welche Gelder gelten, ist in der Regel in
der Hausordnung nachzulesen, alternativ am
Schwarzen Brett. Ihre Verwandten können Ihnen
auch Geld auf das Konto überweisen, dazu gibt es
ein Verbindungskonto, welches Sie in der Regel
der JVA-Homepage entnehmen können. Bei einer
Überweisung müssen in der Regel die Gefange-
nen-Nummer (Gefangenenbuchnummer), eine Art
Kundennummer des Gefangenen und der Name
genannt werden, optimalerweise auch, ob es für
Hausgeld oder Eigengeld ist.

Zeitungen

Häufig gibt es im Gefangenentrakt eine Tageszeitung, die ausliegt, manchmal auch in der Bücherei
der JVA. Sie haben aber auch die Möglichkeit,

Zeitungen zu abonnieren, insbesondere Tageszeitungen. Voraussetzungen ist aber, dass dies mit der JVA abgestimmt wird und die Zustellung direkt durch den Verlag (und nicht etwa durch Verwandte von Ihnen) erfolgt. Eine Möglichkeit, von der nur wenige wissen, die Sie aber auf dem Laufenden hält. Ein Vorteil des täglichen Zeitungsbezugs ist, dass Sie von Straftaten in der Umgebung erfahren und so auch wissen, wer der Neuzugang in der U-Haft ist. Wenn Sie in der Tageszeitung lesen, dass ein 34-jähriger Staatsangehöriger des Landes Xy wegen Kinderschändung verhaftet wurde und der U-Haft zugeführt wurde und Sie bemerken beim Hofgang einen Neuzugang, auf den die Beschreibung passt, wissen Sie gleich, was ihm vorgeworfen wird. Ein unschätzbarer Vorteil.

Zweidrittel-Strafe

Hoffnung vieler Gefangener, nach Verbüßung von 2/3 der Strafe vorzeitig entlassen zu werden. Einen Rechtsanspruch darauf gibt es nicht. Gute Führung ist eine der fundamentalen Voraussetzungen, um überhaupt auch nur die Chance auf eine solche Regelung zu haben. Wenn die Gefängnisse überfüllt sind, wird eher großzügig von der Regelung Gebrauch gemacht.
Wer allerdings regelmäßig während des Hofgangs anderen Gefangenen auf den Schädel haut, hat eher weniger Chancen auf eine solche Erleichterung. Die JVA muss eine Stellungnahme abgeben

und das Landgericht entscheidet, ob eine 2/3-Strafe möglich ist. Sie sollten rechtzeitig mit dem Sozialarbeiter in der Haft und Ihrem Anwalt darüber sprechen. Eine Minderheit, die in der Regel Höchstleistungen bei Schadenswiedergutmachung und Geständnissen vollbracht hat, kommt auch in den Genuss einer Entlassung nach der Hälfte der Strafe. Dies ist aber an sehr enge Grundvoraussetzungen geknüpft, dass es für die meisten ohnehin nicht infrage kommt.

Eine U-Haft soll nicht länger als 6 Monate dauern, kann aber durch Gerichtsbeschluss im Prinzip beliebig verlängert werden. Faktisch hat man erst nach mehreren Jahren U-Haft ohne Anklage realistische Chancen, entlassen werden zu müssen, weil dies dann nicht mehr zumutbar ist.

LINKS (Internet)

Arbeitsgemeinschaft Strafrecht
http://www.ag-strafrecht.de/

Hier finden Sie auch eine bundesweite Strafvertei-
digerübersicht.

Strafgesetzbuch
https://www.gesetze-im-internet.de/stgb/

Komplettes Strafgesetzbuch

Strafprozessordnung
https://www.gesetze-im-internet.de/stpo/

Hier ist geregelt, wie ein Strafprozess abläuft

Forum für Angehörige
www.knast.net

Forum zum Austausch für Angehörige von Häftlingen incl. Hinweisen zu der einen oder anderen
JVA

Verzeichnis aller Gefängnisse in Deutschland
http://www.deutschejustiz.de/

Hier finden Sie Links zu allen deutschen Justiz-
vollzugsanstalten

Literaturempfehlungen:

Wir empfehlen zur Lektüre und Einstimmung auf den Gefängnisaufenthalt die folgenden Bücher, die auch geeignet sind, Angehörigen ein besseres Verständnis von Abläufen in einer JVA zu geben:

- Joe Bausch: „Knast", ISBN 978-3-548-37490-1 Ein Gefängnisarzt erzählt aus seinem Alltag

- Thomas Galli: „Die Schwere der Schuld", ISBN 978-3-360-01307-1 Ein Gefängnisleiter erzählt aus seiner Sicht

- Kai Schlieter: „Knast Report", ISBN 978-3-938060-67-4 Ein taz-Redakteur schreibt über Sinn und Unsinn im Gefängnis

Nachwort:

Noch nicht einmal ein halbes Jahr nach meiner Haftentlassung ist mein geliebter Vater an seiner Lungenkrebserkrankung gestorben. Er ist friedlich in seinem Bett eingeschlafen. Die schrecklichste Vorstellung während der Haftzeit war, dass er verstirbt, ohne, dass ich mich von ihm verabschieden kann oder ohne, dass ich auf die Beerdigung gehen kann. Das blieb uns erspart. Ich konnte ihn noch mehrfach vor seinem Tod besuchen und auch seine Beerdigung mitplanen und daran teilnehmen. Das muss der Haftrichter mit „er hat keine ausreichenden familiären Beziehungen" im Haftbefehl gemeint haben.

Meine Frau ist seit der Verhaftung arbeitsunfähig und benötigt auch ein Jahr nach den Erlebnissen regelmäßige psychiatrische Hilfe. Bei jedem Klingeln an der Tür zuckt sie auch heute noch zusammen.

Auch ein Jahr nach der Haftentlassung gibt es zum Erscheinen der ersten Auflage dieses Buches noch nicht einmal einen in Aussicht gestellten Gerichtstermin für die rechtliche Aufarbeitung von Vorwürfen.

Ich bedanke mich bei allen, die in dieser Zeit und nach dieser Zeit zu mir gestanden haben und meine Frau in der Zeit der Inhaftierung unterstützt haben. Sie haben sich damit wohltuend von der kleinen Anzahl an Menschen unterschieden, die gedacht oder gesagt haben „Siehste, habe ich doch schon immer gesagt..." oder „...wird schon was dran sein..."

In solchen Situationen sieht man, wer Freund und wer Feind ist. Man sieht, wer zu einem steht und wer sich vormals nur in der Nähe aufgehalten hat, um Geschäfte zu machen oder Vorteile in Anspruch zu nehmen.

Gottseidank gehört die Vielzahl der Bekannten zu der Gruppe, die uneigennützig unterstützt haben. Danke dafür!

Eigene Notizen: